Forum Sprache

Übersetzung
Deutsch – Spanisch
Arbeitsbuch

mit Texten, Musterübersetzung
und Kommentar

Forum Sprache

ein Fachbuch-Programm für alle, die Fremdsprachen unterrichten und studieren

Helmut Berschin · Saturnino Vicente

Übersetzung
Deutsch – Spanisch
Arbeitsbuch

mit Texten, Musterübersetzung und Kommentar

Max Hueber Verlag

Lektorat: Dr. Angela Jurinek-Stinner
Umschlaggestaltung: Planungsbüro Winfried J. Jokisch, Düsseldorf
Layout: Werbe- und Verlagsagentur Langbein · Wullenkord, München

CIP-Kurztitelaufnahme der Deutschen Bibliothek

Berschin, Helmut:
Übersetzung Deutsch–Spanisch: Arbeitsbuch mit Texten,
Musterübers. u. Kommentar / Helmut Berschin;
Saturnino Vicente. –
1. Aufl. – München [i.e. Ismaning]: Hueber, 1986.
  (Forum Sprache)
  ISBN 3–19–006968–9
NE: Vicente, Saturnino:

1. Auflage
© 1986 Max Hueber Verlag · München
Satz: FoCoTex Nowak, 8137 Berg 3
Druck: Heinzelmann Offsetdruck GmbH, München
Printed in Germany

ISBN 3–19–006968–9

Inhaltsverzeichnis

Vorwort

Das Arbeitsbuch *Übersetzung Deutsch–Spanisch* will vor allem eines: nützlich sein. Übersetzen lernt man am besten durch Üben; zum Üben bedarf es aber entsprechender Materialien, und diese fehlten bislang für das Spanische – ein Manko, das wir beheben wollten.

Zum Aufbau des Buches

Es enthält 41 nichtliterarische Übersetzungsübungen einfachen bis gehobenen Schwierigkeitsgrades, die im Kurs- oder Selbstunterricht bearbeitet werden können. Die Übungen bestehen jeweils aus vier Teilen, nämlich:

- deutscher Ausgangstext
- Übersetzungshilfen
- spanische Musterübersetzung
- Übersetzungsvarianten

Am Schluß des Buches wird ein Glossar der übersetzten Eigennamen gegeben und eine Kurzbibliographie über Hilfsmittel der deutsch–spanischen Übersetzung.

Bei der Gestaltung der Übungen haben wir Wert auf einfache und übersichtliche Darstellung gelegt: Die Übungen werden auf einer Doppelseite präsentiert, mit je einer Spalte für jeden der vier Übungsteile; die einander zugeordnete Information steht möglichst zeilengleich. Der Kommentarteil beschränkt sich – schon aus formalen Gründen – auf wenige Hinweise: Die Übersetzungshilfen geben in erster Linie das Fachvokabular an, bei den einfachen Texten wurde auch der schwierigere Wortschatz aufgeführt. Die Übersetzungsvarianten beziehen sich fast nur auf das Lexikon; syntaktische Varianten werden kaum angezeigt, die spanische Übersetzung folgt – soweit grammtisch möglich und stilistisch akzeptabel – dem Satzbau des deutschen Textes.

Die Ausgangstexte, hauptsächlich Zeitungsartikel, entsprechen der öffentlichen Gebrauchsnorm der hochdeutschen Schriftsprache. Dieses ‚öffentliche‘ Deutsch ist regional nicht markiert, keine Fach- oder Sondersprache – was nicht ausschließt, daß es fach- oder sondersprachliche Elemente enthält – und wendet sich mit dem Anspruch allgemeiner Verständlichkeit im Prinzip an jedermann. Die Sprache der spanischen Übersetzung entspricht der Hochnorm *(español culto)* des europäischen Spanisch, eine Norm, die – von wenigen Merkmalen abgesehen – morphosyntaktisch auch in Spanischamerika gilt. Die Differenzierung zwischen europäischem und amerikanischem Spanisch zeigt sich vor allem im lexikalischen Bereich: hier wurde jeweils die europäische Variante gewählt.

Das Buch beruht auf einer Fülle von Auswahlentscheidungen: Wahl der Texte, der ‚richtigen‘ Übersetzung, der Übersetzungshilfen und -varianten. Auswählen beinhaltet Weglassen: Es würde zu weit führen, unsere Entscheidungen im einzelnen zu begründen; ob sie richtig waren, wird die Praxis und die Kritik aus der Praxis zeigen.

Die Verfasser

Technische Hinweise

1. Abkürzungen

f.   feminin
FAZ   Frankfurter Allgemeine Zeitung
m.   maskulin
SZ   Süddeutsche Zeitung
W   Wörter

2. Variantennotation

Im Übersetzungskommentar werden drei Äquivalenzstufen unterschieden:

= starke Variante
~ schwächere Variante
/ Binnenvariante (innerhalb eines komplexen Ausdrucks) ohne Angabe der Äquivalenzstufe

Beispiel (Text 1, S. 11)

a) *A partir del* = Desde el
b) *El centro*/eje/foco *de atención es*/lo constituye ~ La atención se centra en

Die Kommentarzeile (a) besagt, daß *Desde el* kontextuell bedeutungsgleich mit *A partir del* ist (,starke Variante'). Bei (b) kann innerhalb des Ausdrucks *El centro de atención es* die Einheit *centro* durch *eje* bzw. *foco* ersetzt werden sowie *es* durch *lo constituye* (,Binnenvariante'); der gesamte Ausdruck ist bezeichnungsgleich ersetzbar durch *La atención se centra en* (,schwächere Variante').

Die folgenden Symbole bezeichnen Übersetzungshilfen:

( )   fakultative Einheit
[ ]   erläuternder Zusatz
$X \rightarrow Y$ Interpretiere *X* als *Y*!

3. Eigennamen

Eigennamen im deutschen Text, die nicht unverändert ins Spanische übernommen werden, stehen beim ersten Auftreten *kursiv*; sie werden im Glossar (S. 78ff.) verzeichnet, z.B. Deutschland *Alemania*, Peru *Perú*.

4. Wortzählung

Beim deutschen Text ist jeweils unten die Wortzahl vermerkt. Unter ‚Wort' ist die graphische Wortform zu verstehen, also eine Buchstabenfolge zwischen zwei Trennzeichen (Spatium, Satzzeichen); Ziffern und spanische Zitate werden nicht als Wort gezählt.

5. Textgestaltung

Bei den deutschen Quellentexten wurden Orthographiefehler bereinigt und längere Texte untergliedert; ansonsten blieb das Original unverändert. Offensichtliche Formulierungsfehler – etwa in der Überschrift von Text 27, wo es *Windmühlen* heißt statt *Wassermühlen* – und übersetzungsrelevante Präzisierungen sind im Kommentar mit Pfeil ($\rightarrow$) vermerkt.

Übersetzungsübungen

1. Ausstellung „Dänemark – Deutschland" in Berlin

Vom 9. Januar an wird in *Berlin* die Aus-
stellung „Vor hundert Jahren: *Dänemark*
5 und *Deutschland* 1864–1900. Gegner und
Nachbarn" zu sehen sein, die zuvor in
Kopenhagen, Aarhus und Kiel gezeigt
wurde. Im Mittelpunkt stehen die däni-   dänisch **danés**
sche und die deutsche Malerei der Zeit.
10 Daneben kann der Besucher Porzellan aus
den königlichen Manufakturen Kopenha-   königliche Manufaktur **manufactura real**
gens und Berlins bewundern.

SZ 4.1.82, S. 13   (58 W)

2. Affen greifen Polizeiposten an

Eine Horde wildgewordener Affen in   Horde **manada**
einer Stadt im indischen Bundesstaat   indisch **hindú**
Uttar Pradesh hat eine Polizeistation ange-
5 griffen und dabei mehrere Beamte verletzt.
Wie es in Delhi hieß, schossen die Beamten
in die Luft, um sich gegen die Horde zu
wehren. Was die Affen wild gemacht hat,
wurde nicht bekannt.

SZ 27.4.82, S. 36   (52 W)

3. Herr will Hund retten: Tot

Der Schriftsteller *Michael* Holzach aus
Hamburg ist in der Emscher nahe Dort-
mund ertrunken. Wie die Polizei bestätigte,   ertrinken **ahogarse**
5 wollte der Autor seinen Hund retten, der
in den Fluß gesprungen war. Das Tier
konnte von der Feuerwehr gerettet werden,   Feuerwehr **los bomberos**
der Schriftsteller wurde tot geborgen.   bergen **rescatar**
Holzach ist vor allem durch sein Buch
10 „*Deutschland* umsonst – zu Fuß und ohne
Geld durch ein Wohlstandsland" bekannt
geworden.

SZ 23./24.4.83, S. 12   (66 W)

1. Exposición "Dinamarca – Alemania" en Berlín

A partir del 9 de enero, se podrá ver en Berlín la exposición: "Hace cien años: Dina-
5 marca y Alemania de 1864–1900. Rivales y vecinos", que fue mostrada anteriormente en Copenhague, Aarhus y Kiel. El centro de atención es la pintura danesa y alemana de la época. Además de ella, el visitante
10 puede admirar porcelana de las manufacturas reales de Copenhague y Berlín.

A partir del = Desde el

anteriormente = con anterioridad
El centro/eje/foco *de atención es*/lo
    constituye ∼ La atención se centra en

puede = podrá

2. Monos atacan un puesto de policía

Una manada de monos enfurecidos en una ciudad del Estado federal hindú de Uttar
5 Pradesh atacó un puesto de policía, hiriendo a varios funcionarios. Según se dijo en Delhi, los funcionarios dispararon al aire para defenderse de la manada. No se supo lo que puso furioso a los monos.

Monos = Simios   *atacan* = agreden

enfurecidos = enfierecidos

Según se dijo ∼ Tal como se manifestó ∼
    Según informes facilitados
No se supo ∼ Se desconoce

3. Muerto el dueño por salvar al perro

El escritor Miguel Holzach, de Hamburgo, se ahogó en el Emscher cerca de Dortmund.
5 Como ha confirmado la policía, el autor quiso salvar a su perro, que había saltado al río. El animal pudo ser salvado por los bomberos; el escritor fue rescatado muerto. Holzach es conocido, sobre todo, por su
10 libro "Alemania gratis – a pie y sin dinero por un país próspero".

Muerto el dueño ∼ Muere el amo
por salvar ∼ por querer salvar ∼ al
    querer salvar

Como ha confirmado ∼ Según confirmó

bomberos = cuerpo de bomberos
es conocido ∼ se dio a conocer

4. Hund kostet soviel wie ein Auto

Haustiere können ungeahnt teuer werden.
Das Verbrauchermagazin *DM* zählt auf,
mit welchen Kosten Hunde- oder Fisch-
5 freunde rechnen müssen. Ein Cocker etwa
kostet nach den Berechnungen des Blattes
während seines Hundelebens zwischen
7500 und 16000 Mark und ist mithin so teuer
wie die Anschaffung eines Autos. Die Preis-
10 spanne resultiere aus den unterschiedlichen
Kaufpreisen, Steuern und Lebenserwar-
tungen.
SZ 24.11.82   (59 W)

Verbrauchermagazin **revista del consumidor**
Cocker **cocker**

Preisspanne → Kostenunterschied
resultiere → resultiert

5. Wal tötet Touristen

Ein Wal hat vor der mexikanischen Küste
ein Boot attackiert, aus dem Wasser geho-
ben und schließlich mit einem Schlag der
5 Schwanzflosse zertrümmert. Dabei wurden
ein Amerikaner getötet und drei andere
Touristen verletzt. Das Unglück geschah,
als sich das Boot der Touristen dem Liebes-
spiel der Wale zu weit näherte.
WELT 28.2.83, S. 16   (51 W)

Wal **ballena**

Boot **embarcación**
Schlag der Schwanzflosse **aletazo de la cola, coletazo**
Amerikaner → Nordamerikaner

6. Kultur: Fassbinder tot

In *München* starb im Alter von 36 Jahren
Rainer Werner Fassbinder, einer der bedeu-
tendsten und umstrittensten Regisseure des
5 deutschen Nachkriegskinos. Fassbinder
schuf insgesamt 40 Filme. Bei der diesjähri-
gen *Berlinale* wurde sein Beitrag „Die Sehn-
sucht der *Veronika* Voss" mit dem Golde-
nen Bären ausgezeichnet.
WELT 11.6.82, S. 1   (43 W)

Regisseur **director**

Goldener Bär **Oso de oro**
auszeichnen **galardonar**

4. Un perro cuesta tanto como un coche

Los animales domésticos pueden resultar imprevisiblemente caros. La revista del
5 consumidor *DM* enumera con qué gastos han de contar los amigos de perros o peces. Un cocker, por ejemplo, cuesta, según los cálculos de la revista, durante su vida, entre 7500 y 16000 marcos, siendo así tan
10 caro como la adquisición de un coche. La diferencia del coste resulta de los diferentes precios de compra, de los impuestos y de las expectativas de vida.

coche ~ automóvil

imprevisiblemente = insospechadamente

siendo ~ resultando *así* ~ con/por ello

resulta de ~ se debe a ~ depende de

5. Una ballena mata a unos turistas

Una ballena atacó, frente a las costas mexicanas, a una embarcación, elevándola sobre el agua y destruyéndola finalmente
5 con un aletazo de la cola. Como consecuencia de ello murió un norteamericano y otros tres turistas resultaron heridos. La desgracia ocurrió cuando la embarcación de los turistas se acercó demasiado al juego
10 amoroso de las ballenas.

frente = ante = delante de
embarcación = barca = nave *elevándola ...* ~ y la lanzó fuera del agua
Como ... ~ A consecuencias de esto
otros tres turistas ~ tres turistas más
resultaron/fueron *heridos* ~ recibieron heridas *ocurrió* ~ sucedió ~ acaeció
cuando la embarcación ... se acercó ~ al acercarse/aproximarse la embarcación ...
demasiado ~ excesivamente

6. Cultura: Ha muerto Fassbinder

Ha muerto en Munich, a los 36 años de edad, Rainer Werner Fassbinder, uno de los más significativos y discutidos directo-
5 res del cine alemán de la posguerra. Fassbinder hizo en total 40 películas. En el Festival Berlinés de este año fue galardonada su participación: "La ansiedad de Verónica Voss" con el Oso de oro.

significativos ~ importantes

hizo = dirigió = rodó = realizó
películas = filmes *Berlinés* = de Berlín
galardonada = premiada
participación = aportación

7. Zur Dokumentation
Frauen sollen erzählen

Mainz. Das *ZDF* bereitet eine Dokumentation vor, in der Schicksale von Frauen der
5 „Kriegsgeneration" dargestellt werden sollen. Viele Frauen litten nicht nur an Entbeh-
rungen, sondern mußten auch auf persönli-
ches Glück verzichten, weil ihre Männer
starben. Für diese Dokumentation sucht das
10 ZDF Frauen im Alter von 60 bis 65 Jahren,
die vor der Kamera ihr Schicksal schildern
wollen. Zuschriften mit stichwortartigem
Lebenslauf an: ZDF, Hauptredaktion Ge-
sellschaftspolitik, Dokumentation/Repor-
15 tagen, Postfach 4040, 6500 Mainz 1. Einsendeschluß: 15. April 1983.

Westdeutsche Zeitung 2.3.83   (74 W)

Dokumentation → Dokumentar-
film **documental** m.

ZDF → Zweites Fernsehprogramm

Entbehrung **privación**

Männer → Ehemänner

Zuschrift **envío** stichwortartig **sinóptico**
Lebenslauf **curriculum**

Postfach **apartado de correos**
Einsendeschluß **último día de recogida**

8. Kino im Aufwind
In der *Bundesrepublik*

1980 war für die Kinos ein erfolgreiches
Jahr. Zu dieser Einschätzung gelangte die
5 *Filmförderungsanstalt* in ihrem jüngstem
Bericht. Dem Papier zufolge sind die
Besucherzahlen der Kinos in der Bundesrepublik und in *Westberlin* seit 1977 ständig
gestiegen. Im vergangenen Jahr wurden
10 rund 143770000 Eintrittskarten verkauft.

FAZ 12.2.81, S. 21   (47 W)

im Aufwind **viento en popa**

Bericht **informe** m.
[Kino]Besucher **espectador**

Eintrittskarte **entrada**

9. *Frankreich* bestellt 50 kleine Airbus

Die Air France hat 50 Flugzeuge vom Typ
„Airbus A 320–200" (kleine Version) be-
5 stellt. Die Fluggesellschaft kündigte an, daß
25 Maschinen bestellt seien und für 25 seien

bestellen **encargar**

Maschine **aparato**

7. Para un documental
¡Que cuenten las mujeres!

Maguncia. La Segunda Cadena de Televisión prepara un documental en el que se pre-
5 sentará el destino de las mujeres de la "gene-
ración de la guerra". Muchas mujeres padecieron no sólo privaciones, sino que tuvie-
ron que renunciar a su felicidad personal al
morir sus maridos. Para este documental, la
10 ZDF busca mujeres de 60 a 65 años de edad
que quieran exponer su suerte ante las
cámaras. Envíos con curriculum sinóptico a:
Segunda Cadena de Televisión, Redacción
principal de política social, Documentales/
15 Reportages, Apartado de correos 4040,
6500 Maguncia 1. Último día de recogida:
15 de abril de 1983.

Que cuenten … ~ Que las mujeres hablen

cadena = canal

el destino = la suerte ~ el azar ~ el sino
padecieron = sufrieron

exponer ~ describir

día de recogida ~ día de envío

8. El cine viento en popa
En la República Federal

1980 fue para los cines un año exitoso. A
estas estimaciones llegó el Instituto de
5 Fomento cinematográfico en su informe
más reciente. Según éste, el número de es-
pectadores de los cines ha aumentado cons-
tantemente en la República Federal y en
Berlín Occidental desde 1977. El pasado
10 año se vendieron alrededor de 143770000
entradas.

viento en popa ~ a toda vela ~ en auge

exitoso ~ lleno de éxito
estimaciones ~ apreciaciones
informe más reciente ~ último informe
Según éste ~ De acuerdo con él
ha aumentado/ascendido ~ aumentó/as-
    cendió
El pasado año ~ El año pasado

9. Francia encarga 50 Airbus
pequeños

La Air France ha encargado 50 aviones del
tipo "Airbus A 320–200" (versión pe-
5 queña). La compañía aérea anunció que
habían sido encargados 25 aparatos y se

versión ~ modelo

aparatos = aviones

15

Optionen erteilt worden. Das Fluggerät soll
von 1986 an ausgeliefert werden. Bei der
Air-France soll der kleine Airbus die ältere
10 Boeing 727 ersetzen.

Nürnberger Nachrichten 10.6.81   (48 W)

Das Fluggerät → Die Maschinen
ausliefern **suministrar**

10. Flammender Streit

Mit einem halben Liter Benzin überschüt-
tete ein 35jähriger Student aus Somalia
seinen 23jährigen Landsmann in der Mensa
5 der *Münchner* Universität und wollte ihn
anschließend anzünden. Kommilitonen ge-
lang es, dem Wütenden das Feuerzeug aus
der Hand zu schlagen und die Gegner zu
trennen. Ursache für den Streit waren nach
10 Ermittlungen der Polizei gegensätzliche
Meinungen über die Herkunft der somali-
schen Sprache.

Mittelbayerische Zeitung 23.11.82   (61 W)

überschütten **rociar**

Mensa **comedores (universitarios)**

anzünden **prender fuego**
Kommilitone **compañero (de estudios)**
aus der Hand schlagen **arrebatar**
Gegner **contrincante**
Ermittlung **pesquisa**
somalisch **somalí**

11. Mord und Totschlag
in amerikanischen Ehen

Jährlich werden in den *Vereinigten Staaten*
laut *Time* 2000 bis 4000 Frauen von ihren
5 Männern totgeschlagen. In einem Bericht
über Gewalt in der Ehe hieß es in dem Nach-
richtenmagazin weiter, jährlich würden
sechs Millionen Frauen in den *USA* von
ihren Männern mißbraucht. Amerikanische
10 Polizisten würden ein Drittel ihrer Dienst-
zeit damit zubringen, auf Hilferufe wegen
ehelicher Gewalttaten zu reagieren. Aber
dem Soziologen Murray Straus zufolge würden jährlich auch 282000 Männer von ihren
15 Frauen geschlagen.

SZ 30.8.83, S. 24   (76 W)

Mord **asesinato** Totschlag **homicidio**
amerikanisch → nordamerikanisch

laut *Time* → laut der [Zeitung] *Time*
totschlagen **asesinar**
Nachrichtenmagagin **revista informativa**

mißbrauchen **maltratar**

16

había concedido opciones para 25. Los aparatos deberán suministrarse a partir de 1986. En la Air France deberá sustituir el

10 pequeño Airbus al antiguo Boeing 727.

En la Air France … ~ La Air France sustituirá el antiguo/viejo Boeing 727 con/por el pequeño Airbus

10. Disputa ardiente

Disputa ~ Riña ~ Pelea   *ardiente* ~ fogosa

Con medio litro de gasolina roció un estudiante de 35 años, de Somalia, a su compatriota, en los comedores de la Universidad

5 de Munich, queriendo a continuación prenderle fuego. Sus compañeros lograron arrebatar el mechero de la mano del furioso y separar a los contrincantes. La causa de la disputa fueron, según pesquisas de la poli-

10 cía, sus opiniones opuestas sobre el origen la lengua somalí.

compatriota ~ paisano
queriendo … ~ quiso después/luego
prenderlo fuego ~ quemarlo
lograron/consiguieron   *arrebatar*/quitar
mechero = encendedor   *furioso* = enfurecido   *contrincantes* = rivales = contendientes   *pesquisas* = averiguaciones
opiniones opuestas ~ encontradas opiniones   *la lengua* = el idioma

11. Asesinato y homicidio en los matrimonios norteamericanos

Anualmente, en Estados Unidos, son asesinados por sus maridos, según el *Time*, de

5 2000 a 4000 mujeres. En un informe sobre la violencia en el matrimonio, sigue diciendo la revista informativa, fueron maltratadas anualmente en EE.UU. por sus maridos seis millones de mujeres. Los policías nor-

10 teamericanos ocupan un tercio de su tiempo de servicio atendiendo las llamadas de auxilio por actos de violencia matrimonial. Pero, de acuerdo con el sociólogo Murray Straus, anualmente son golpeados también

15 por sus mujeres 282000 hombres.

maridos = esposos

revista informativa ~ revista de noticias
fueron maltratadas … ~ seis millones de maridos abusaron de sus mujeres anualmente en EE.UU.   *ocupan* ~ pasan   *un tercio* ~ la tercera parte
auxilio = socorro
Pero = Sin embargo

12. Hausfrauen fehlt der Kontakt

Das Interesse von Hausfrauen, in Betrieb oder Büro erwerbstätig zu sein, ist vor allem in dem Wunsch nach sozialen Kontakten
5 begründet. Dies ergab eine Umfrage des *Allensbacher Instituts für Demoskopie* für das *baden-württembergische* Sozialministerium, bei der von Mai bis Oktober 1982 im Südwesten 1200 Frauen, 450 Kinder und
10 430 Partner befragt wurden. Danach nannten nur fünf Prozent der Hausfrauen finanzielle Gründe dafür, wieder außerhalb der eigenen vier Wände arbeiten zu wollen. Fast 60 Prozent waren an einer halbtags
15 oder stundenweisen Beschäftigung interessiert. Zufrieden waren die Hausfrauen mit ihrem derzeitigen Aufgabenbereich laut Umfrage nur zu 47 Prozent, während sich die Erwerbstätigen zu 60 Prozent insge-
20 samt positiv über ihre Tätigkeit äußerten.

SZ 8./9.10.83, S. 12   (106 W)

Sozialministerium **Ministerio de Asuntos Sociales**
Südwesten **Suroeste** m.
Partner → Ehepartner

halbtags **de media jornada**
stundenweise **por horas**

Umfrage **sondeo**
Erwerbstätiger **ocupado**

13. Deutsche werden ehemüder

Ehemüde Paare haben im vergangenen Jahr einen neuen Scheidungsrekord aufgestellt. Das *Statistische Bundesamt* zählte 1981
5 exakt 109520 Ehescheidungen in der *Bundesrepublik* und damit 1262 Trennungen mehr als im bisherigen „Rekordjahr" 1976. Nach der Reform des Scheidungsrechtes im Jahr 1977 war – bedingt durch das neue Ver-
10 fahren – die Zahl der Ehescheidungen zunächst gesunken, aber 1979 und 1980 wieder stark angestiegen. Die Zahl der Scheidungen des Jahres 1981 liegt um 13298 oder 13,8 Prozent über der von 1980. Die meisten
15 Ehen wurden in Bremen (plus 25,3 Prozent) geschieden, die wenigstens in Schleswig-Holstein (plus 3,1 Prozent).

SZ 26.8.82, S. 35   (82 W)

ehemüde → der Ehe müde

einen Rekord aufstellen **batir un récord**

bisherig **hasta la fecha**

zunächst → anfänglich

liegen um ... über **superar en ... a**

18

12. A las amas de casa les falta el contacto

El interés de las amas de casa por trabajar en las fábricas u oficinas se basa, sobre todo, en
5 el deseo de contacto social. Así resultó de una encuesta del Instituto demoscópico de Allensbach para el Ministerio de Asuntos Sociales de Baden-Wurtemberg, en la que fueron interrogados de mayo a octubre de
10 1982, en el suroeste, 1200 mujeres, 450 niños y 430 cónyuges. Según ésta, sólo un cinco por ciento de las amas de casa nombraron motivos económicos para querer trabajar fuera de sus cuatro paredes. Casi el 60
15 por ciento estaba interesado en una ocupación de media jornada o por horas. Satisfechas con sus labores actuales estaban, según el sondeo, sólo el 47 por ciento de las amas de casa, mientras que las ocupadas se
20 manifestaron positivamente sobre su actividad en un 60 por ciento, en total.

A ... ~ Las amas de casa necesitan contacto
trabajar ~ tomar parte activa
se basa = está basado ~ se fundamenta
de contacto ~ de tener contacto
resultó = ha resultado ~ se desprendió
encuesta = sondeo

interrogados = encuestados = preguntados

Según ésta/ella ~ De acuerdo con la misma
nombraron = indicaron
motivos económicos ~ razones financieras

en ... jornada ~ en trabajar medio día
labores ~ área/campo/ámbito de trabajo

las ocupadas ~ las que trabajan

13. Los alemanes cansados del matrimonio

Las parejas cansadas del matrimonio han batido el año pasado un nuevo récord de di-
5 vorcios: el Instituto Federal de Estadística contó en 1981 exactamente 109520 divorcios en la República Federal y, con ello, 1262 separaciones más que en el "año récord", hasta la fecha, de 1976. Tras la reforma del
10 derecho de divorcio en el año 1977 había descendido al principio – condicionado por el nuevo procedimiento – el número de los divorcios, pero ascendió de nuevo fuertemente en 1979 y en 1980. La cifra de los di-
15 vorcios del año 1981 supera en 13298 o en un 13,8 por ciento a la de 1980. El mayor número de divorcios se dio en Bremen (aumento 35,3 por ciento), la minoría en Schleswig-Holstein (aumento 3,1 por ciento).

récord = marca

contó = registró
y, con ello ~ resultando así

hasta la fecha = hasta el presente
derecho de divorcio ~ ley del divorcio
había descendido/disminuído   al/en un principio
ascendió = aumentó
fuertemente ~ considerablemente

la minoría ~ el menor número

14. *Argentinien:* Armando Pontier tot

Tangofreunde in der ganzen Welt trauern um
Armando Pontier, der sich Weihnachten in
5 Buenos Aires eine Kugel in den Kopf schoß.
Pontier, dessen wirklicher Name Armando
Francisco Punturero lautete, war 66 Jahre
alt geworden und litt zuletzt unter schweren
Depressionen. Pontier schrieb viele Tangos,
10 die weltberühmt wurden, darunter „Unser
Buenos Aires", „Den Freunden" usw. Pontier war 1937 in das Rampenlicht der argentinischen Öffentlichkeit getreten; in einem
Tangoorchester spielte er das Bandoneon,
15 dem er hinreißende Töne zu entlocken ver-
mochte. Es waren weitgehend seine Melo-
dien, die in den vierziger Jahren eine Art
goldenes Zeitalter des Tangos kreierten.

Latein-Amerika-Report 1/1984, S. 55   (97 W)

trauern   **estar de luto**

leiden   **padecer**

in das ... treten   **aparecer en escena**

Bandoneon   **bandoneón**   m.
hinreißend   → unwiderstehlich
entlocken   **arrancar**

15. Eine unmögliche Liebe
(*ZDF*, 22.05–23.50 Uhr)

Lolita auf spanisch: Der alternde Witwer
Alejandro verfällt zusehends dem dreizehn-
5 jährigen Schulmädchen Goyita, das seine
erwachende erotische Ausstrahlung spiele-
risch erproben will. Der einsame Mann
widersteht zwar dem Anspruch des Kindes,
es „wie eine Frau zu lieben", doch er ver-
10 strickt sich in seine Gefühle zu Goyita so
stark, daß die örtliche Gesellschaft alsbald
das harmlose Verhältnis zu einer skandalö-
sen Affäre hochspielt. Regisseur Jaime de
Arminan bleibt auch in diesem Film aus
15 dem Jahr 1980 seiner zentralen Thematik
treu und nimmt den konservativ-verkruste-
ten Zustand der spanischen Gesellschaft
aufs Korn. Als Alejandro spielt Altstar Hector Alterio, Goyita ist Ana Torrent.

SZ 24.1.84, S. 24   (101 W)

ZDF   → Zweites Fernsehprogramm

verfallen   **enloquecerse por**
Schulmädchen   **colegiala**
Ausstrahlung   **irradiación**

sich verstricken   **enredarse**

hochspielen   **desorbitar ... convir-
tiendo en**

aufs Korn nehmen   **poner la mira en**
verkrustet   **inmovilista**

14. Argentina: Ha muerto Armando Pontier

Los amigos del tango en todo el mundo
están de luto por Armando Pontier, que se
5 disparó una bala en la cabeza en Navidades,
en Buenos Aires. Pontier, cuyo verdadero
nombre era Armando Francisco Punturero, había cumplido 66 años y padecía úl-
timamente graves depresiones. Pontier
10 escribió muchos tangos que se hicieron
famosos, entre ellos el de "Nuestro Buenos
Aires", "A los amigos", etc. Pontier había
aparecido (como estrella) en la escena argentina en 1937; en una orquesta de tangos
15 tocaba él el bandoneón del que sabía arrancar tonos irresistibles. Fueron sus melodías
en gran parte las que crearon en la década
de los cuarenta una especie de edad de oro
del tango.

amigos = aficionados   *en*/de *todo el mundo*
están de luto   ~ están tristes/se entristecen

era = se rezaba

famosos = famosos en (todo) el mundo
había aparecido ~ hizo su aparición
en la escena ~ ante el público

bandoneón = bandoleón
irresistibles = arrebatadores

15. Un amor imposible

(Segunda Cadena de Televisión, 22,05–23,50)
Lolita a lo español: el viudo Alejandro, camino de la vejez, se enloquece, a ojos vis-
5 tas, por la colegiala, de trece años, Goyita,
quien desea probar lúdicamente su incipiente irradiación erótica. Este hombre
solitario resiste, en verdad, la exigencia de
la niña, de "amarla como a una mujer", sin
10 embargo, se enreda tan vehementemente
en sus sentimientos hacia Goyita, que la sociedad local desorbita inmediatamente
la inocente relación convirtiéndola en un
escándalo. El director, Jaime de Armiñán,
15 permanece fiel, también en esta película
de 1980, a su temática central, poniendo la
mira en el estado conservador inmovilista
de la sociedad española. De Alejandro hace
el viejo actor Hector Alterio, Goyita es Ana
20 Torrent.

camino ... ~ que va envejeciendo
se enloquece por ~ cae en las redes de
colegiala = alumna ~ discípula
lúdicamente ~ juguetonamente
incipiente ~ que empieza a despertar
en verdad = ciertamente   *exigencia* =
   demanda ~ pretensión

sociedad local ~ la gente del lugar
desorbita ... *convirtiéndola* ... ~ convierte ...   *inocente* = candorosa ~
   intrascendente

poniendo la mira ~ tomando como blanco
inmovilista ~ anquilosado
De Alejandro hace/trabaja ~ El papel de
   Alejandro lo representa

16. Filmprobe: Make-up für Peru

(*ARD*, 22.40–23.25 Uhr)

Ein Entwicklungsland als Austragungsort
zur Miss-Universum-Wahl? Zeugt das von
5 Zynismus und Ignoranz oder von Geschäftstüchtigkeit und unternehmerischem Weit-
blick? Der peruanische Staat stellte den Or-
ganisatoren des Projektes „Wahl zur Miss
Universum" 4000 Polizisten als Schutz-
10 macht zur Verfügung, damit jene per Fern-
sehen „das Bild *Perus* im Ausland verbes-
sern" sollten. Die peruanische Filmema-
chergruppe Chaski hat den Ablauf des Wett-
bewerbs beobachtet. Ihre Eindrücke kon-
15 zentrieren sie in ihrem Film, wie es im
ARD-Pressetext heißt, „zu einem partei-
ischen Bericht, zu einer polemischen Collage
über die Vorgänge in einem Land, in dem
seit Regierungsantritt von B. Terry Arbeits-
20 losigkeit, Gewalt und Hunger zunehmend
Tagesthemen sind".

SZ 4./5.2.84, S. 48   (102 W)

make up   **make up**
ARD → Erstes Fernsehprogramm

Austragungsort   **lugar de celebración**
Miss Universum   **Miss Universo**
Geschäftstüchtigkeit   **espíritu negociante**

peruanisch   **peruano**

jene → jene [Miss-Bewerberinnen]

Collage   **collage**   m.

Regierungsantritt   **llegada al poder**

17. Kohl und Honecker telefonierten

(Bonn, 4. Februar)
Bundeskanzler Kohl hat Mitte Januar mit
5 dem Staatsratsvorsitzenden der *DDR*, Honecker, ein Telefon-Gespräch geführt. Über
den Inhalt und den Anlaß des Gesprächs
wird in Bonn nichts mitgeteilt. Kohl hat die
Unterredung vor Journalisten bestätigt,
10 ohne Einzelheiten zu nennen. Auf Fragen
meinte er, es sei ein „ganz normales Gespräch" gewesen. Die telefonische Verbindung sei auf seinen Wunsch hin zustande ge-
kommen. Über den Zeitpunkt und die

Bundeskanzler   **Canciller Federal**   m.
Staatsratsvorsitzender   **Presidente del
  Consejo del Estado**

16. Ensayo cinematográfico: Make-up para Perú

(Primera Cadena de Televisión, 22,40–23,15)

¿Un país en vías de desarrollo como lugar
5 de celebración para la elección de Miss
Universo? ¿Es esto testimonio del cinismo
y la ignorancia o del carácter negociante y
de la gran visión empresarial? El Estado
peruano puso a disposición de los organi-
10 zadores del proyecto para la "Elección de
la Miss Universo" 4000 policías como contingente de defensa, para que aquéllas
"mejoren la imagen del Perú en el extran-
jero" por televisión. El grupo cinematográ-
15 fico peruano Chaski ha observado el proceso de la competición. Sus impresiones
las han concentrado en su película, como
se dice en el texto informativo de la primera
cadena de televisión, "haciendo un informe
20 partidista, un collage polémico sobre los
sucesos de un país en el que, desde la llegada al poder de B. Terry, el paro (obrero),
la violencia y el hambre son, cada vez más,
el tema del día".

Make up ~ Maquillaje

Es esto testimonio = Testimonia/Testifica
esto *carácter negociante* ~ espíritu
negociante

contingente de defensa ~ fuerzas de segu-
ridad/protección

proceso ~ desarrollo ~ desenvolvimiento

texto informativo ~ comunicado de prensa
haciendo/resultando *un informe* ~ en un
informe
los sucesos/eventos ~ el desarrollo ~ la
evolución *llegada*/subida *al poder* ~
toma del poder *paro* ~ cesantía
cada vez más ~ de forma creciente

17. Kohl y Honecker contactaron por teléfono

Bonn, 4 de febrero. El Canciller Federal
Kohl sostuvo, a mediados de enero, una
5 conversación con el Presidente del Consejo del Estado de la RDA, Honecker. Sobre
el contenido y motivo de la conversación no
se ha facilitado ninguna información en
Bonn. Kohl confirmó la conversación ante
10 los periodistas sin dar detalles. A sus pre-
guntas contestó que había sido "un diálogo
completamente normal" y que la communi-
cación telefónica había tenido lugar por su

contactaron … = telefonearon
por teléfono = telefónicamente

sostuvo = mantuvo

RDA = República Democrática Alemana
motivo = razón
no se ha facilitado/comunicado/manifestado
declarado *ninguna información*/nada
dar = facilitar = enumerar
había sido ~ se había tratado de
diálogo ~ conversación *completa-*/total-
mente *había tenido lugar* = se había

23

15 Dauer des Gesprächs wollte auch Regie-
rungssprecher Stolze am Freitag sich nicht
äußern. Er sagte nur, einen dringenden
Anlaß habe es für das Gespräch mit Honecker nicht gegeben.
FAZ 5.2.83, S. 5   (95 W)

Regierungssprecher	**portavoz del gobierno**

18. Brandt: Auf dem Weg zu eigener Identität Europas

Die Frage der Wiedervereinigung *Deutsch-*
lands steht nach Ansicht des *SPD*-Vorsit-
5 zenden Willy Brandt wegen der anhalten-
den Spaltung Europas nicht auf der „Tages-
ordnung der Geschichte". Zugleich äußerte Brandt Zweifel am Sinn einer Wiedervereinigung in Form einer „Rückkehr zum
10 Bismarck-Staat". Falls es wesentliche Ver-
änderungen in den Beziehungen zwischen
großen Teilen Europas gebe, könne es aber
auch einen Rahmen geben, in dem die
deutschen Staaten über etwaige engere
15 Bindungen untereinander entscheiden
könnten, sagte der SPD-Vorsitzende. 40
Jahre·nach Ende des Zweiten Weltkriegs
bringe man sowohl in *West-* als auch in *Ost-*
europa größeres Interesse an einer eige-
20 nen europäischen Identität zum Ausdruck.
Führende Politiker in Ost- und Westeuro-
pa erklärten den jeweils führenden Mäch-
ten ihrer Blöcke, daß sie es vorzögen, nicht
Opfer einer großen Konfrontation der
25 Supermächte zu werden.
SZ 28./29.1.84, S. 8   (129 W)

Wiedervereinigung	**reunificación**
Spaltung	**escisión**
Rahmen	**marco**
Bindung	**vínculo**
Konfrontation	**conflagración**

deseo. Sobre la hora y la duración de la con-
15 versación tampoco quiso manifestarse el
viernes el portavoz del gobierno, Stolze.
Simplemente declaró que no había habido
ninguna razón urgente para esta conversación con Honecker.

realizado/llevado a cabo/efectuado
por su deseo ~ por iniciativa propia

18. Brandt: Camino de una propia identidad de Europa

Camino = En camino hacia

La cuestión de la reunificación de Alemania
no se halla, en la opinión del Presidente de
5 la Socialdemocracia, Willy Brandt, a causa
de la incesante escisión de Europa, en "el
orden del día de la historia". Al mismo
tiempo, Brandt expresó sus dudas sobre el
sentido de una reunificación en la forma de
10 "una vuelta al Estado de Bismarck". En el caso de que se dieran cambios esenciales en las
relaciones entre grandes partes de Europa,
podría existir también, no obstante, un marco en el que los Estados alemanes pudieran
15 decidir sobre eventuales vínculos estrechos
entre sí, dijo el Jefe de la SPD. 40 años tras
el fin de la segunda guerra mundial se manifiesta, según Brandt, tanto en Europa Occidental como también en la Oriental, un ma-
20 yor interés por una propia identidad europea. Dirigentes políticos de Europa Oriental y Occidental declararon a las respectivas
potencias prominentes de sus bloques que
preferirían no convertirse en la víctima de
25 una gran conflagración de las superpoten-
cias.

no se halla/encuentra ~ no está
Presidente ~ Jefe

incesante ~ constante ~ continua
escisión ~ división
expresó = manifestó ~ exteriorizó

existir ~ resultar

entre sí = mutuos
se manifiesta = se muestra

prominentes ~ en cabeza

conflagración ~ conflicto ~ enfrenta-
miento

19. Deutsche und Franzosen weiter uneins über *EG*-Agrarpolitik

Mehr als vier Stunden konferierten Außenminister Genscher und Finanzminister Stol-
5 tenberg mit ihren französischen Amtskollegen Cheysson und Delors in Bonn über die Lösung der *EG*-Agrarkrise, ohne eine Einigung zu erzielen. Es war dies bereits das zweite Treffen innerhalb von vierzehn
10 Tagen. Einen weiteren Lösungsversuch wollen Bundeskanzler Kohl und *Frankreichs* Staatspräsident Mitterrand bei ihrer Begegnung am 2. Februar in Ludwigshafen machen.

SZ 27.1.84, S. 1   (65 W)

Außenminister **ministro de (Asuntos) Exteriores** Finanzminister **ministro de Hacienda** Amtskollege **homólogo**

Staatspräsident → Präsident

20. Französische Nonne als mutmaßliche Terroristin festgenommen

Die peruanische Polizei hat in Cajamarca eine 41jährige französische Nonne unter dem Verdacht
5 festgenommen, an einem Überfall linksextremer Untergrundkämpfer auf eine landwirtschaftliche Genossenschaft beteiligt gewesen zu sein. Innenminister Percovich Roca teilte in Lima mit, in dem Haus der
10 Nonne seien Sprengstoff, eine rote Fahne mit Hammer und Sichel sowie Communiqués und Flugblätter der maoistischen Guerilla-Organisation „*Leuchtender Pfad*" gefunden worden.

SZ 1.2.84, S. 7   (65 W)

mutmaßlich **presunto**

Überfall **atraco**

Genossenschaft **cooperativa**
Innenminister **ministro del Interior**

Sichel **hoz** f.
Flugblatt **octavilla**

19. Alemanes y Franceses siguen en desacuerdo sobre la política agraria de la CEE

Más de cuatro horas conferenciaron el mi-
5 nistro de Asuntos Exteriores, Genscher, y el
ministro de Hacienda, Stoltenberg, con sus
homólogos franceses, Cheysson y Delors,
en Bonn, sobre la solución de la crisis agraria del Mercado Común, sin llegar a un a-
10 cuerdo. Ésta ha sido ya la segunda reunión
en quince días. Un sucesivo intento de solución quieren hacerlo el Canciller Federal,
Kohl, y el Presidente de Francia, Mitterrand,
en su encuentro el 2 de febrero en Lud-
15 wigshafen.

CEE = Comunidad Económica Europea
~ Mercado Común
conferenciaron ~ conversaron
ministro de ... ~ ministro del Exterior

homólogos ~ colegas

llegar a ~ lograr

Un sucesivo intento ~ Otro intento
hacerlo = realizarlo = llevarlo a cabo =
efectuarlo

20. Monja francesa detenida como presunta terrorista

La policía peruana ha detenido en Cajamarca a una monja francesa, de 41 años, bajo la
5 sospecha de haber participado en un atraco
(perpetrado) a una cooperativa agrícola por
un grupo clandestino de extrema izquierda.
El ministro del Interior, Percovich Roca,
comunicó en Lima que, en la casa de la mon-
10 ja, se había encontrado materiales explo-
sivos, una bandera roja con el martillo y la
hoz así como comunicados y octavillas de la
organización guerrillera maoista "Sendero
luminoso".

presunta = probable

participado = tomado parte

un grupo clandestino ~ guerrilleros clan-
destinos *ministro del Interior*/de (Asuntos) Interiores
se había encontrado = habían sido encon-
trados/hallados
octavillas ~ panfletos

21. Costa Rica für Friedensnobelpreis vorgeschlagen

Der frühere schwedische Handelsminister Molin, ein Abgeordneter der liberalen
5 Partei, hat vorgeschlagen, den Friedensnobelpreis in diesem Jahr Costa Rica zuzuerkennen, weil der Staat seine Streitkräfte abgeschafft habe. Molin wies darauf hin, daß Costa Rica die freigewordenen Finan-
10 zen für Gesundheit und Erziehung ausgebe. Die Kindersterblichkeit Costa Ricas sei erheblich zurückgegangen, die Lebenserwartung der Einwohner um 20 Jahre verlängert worden. Costa Rica verzichtet seit 1948 auf eigene Streitkräfte.

SZ 1.2.83, S. 7   (69 W)

Friedensnobelpreis   **Premio Nobel de la Paz**

schwedisch   **sueco**
Handelsminister   **ministro de Comercio**

Streitkräfte   **Fuerzas Armadas**
abschaffen   **suprimir**

Kindersterblichkeit   **mortalidad infantil**
Lebenserwartung   **expectativas de vida**

22. Gespräche mit *London* über *Belize*

Der Außenminister Guatemalas, Fernando Andrade, gab bekannt, daß seine Regie-
5 rung die Verhandlungen mit *Großbritannien* über guatemaltekische Gebietsansprüche gegenüber dem Nachbarstaat Belize (früher *Britisch-Honduras)* wiederaufgenommen hat. Wie Andrade mitteilte, könne
10 bei einem positiven Ablauf der Gespräche damit gerechnet werden, daß Guatemala die diplomatischen Beziehungen zu Belize wiederaufnehmen werde, die kurz vor der Unabhängigkeitsgewährung durch Großbri-
15 tannien im Jahre 1981 abgebrochen worden waren.
Guatemala hat die Souveränität der früheren britischen Kolonie nie anerkannt und weigerte sich bisher, in direkten Verhand-
20 lungen mit der Regierung Belizes unter Premierminister George Price seine Gebietsan-

guatemaltekisch   **guatemalteco**
Gebietsansprüche   **reivindicaciones territoriales**
wiederaufnehmen   **reanudar**

Unabhängigkeitsgewährung   **concesión de la independencia**

Souveränität   **soberanía**
britisch   **británico**

Premierminister   **Primer Ministro**

21. Costa Rica propuesta para el premio nobel de la paz

El antiguo ministro de Comercio sueco, Molin, un diputado del Partido liberal, ha propuesto conceder este año el premio Nobel de la Paz a Costa Rica, porque su Estado ha suprimido las Fuerzas Armadas. Molin señaló que Costa Rica gasta en Sanidad y Educación las finanzas liberadas. La mortalidad infantil de Costa Rica ha descendido considerablemente; las expectativas de vida de sus habitantes han aumentado en 20 años. Costa Rica ha renunciado desde 1948 a sus (propias) Fuerzas Armadas.

El antiguo ministro ~ El ex ministro

conceder = adjudicar = otorgar

suprimido ~ eliminado   *señaló* = indicó
   = advirtió   *gasta en*/destina a
las finanzas liberadas/el presupuesto excedente
expectativas ~ esperanzas

ha renunciado ~ renuncia

22. Conversaciones con Londres sobre Belice

El ministro del Exterior de Guatemala, Fernando Andrade, dio a conocer que su gobierno ha reanudado las negociaciones con Gran Bretaña sobre las reivindicaciones territoriales guatemaltecas respecto al Estado fronterizo de Belice (antiguas Honduras Británicas). Tal como manifestó Andrade, en el caso de un desarrollo positivo de las conversaciones, se puede contar con que Guatemala establezca de nuevo las relaciones diplomáticas con Belice, que fueron interrumpidas poco antes de la concesión de su independencia por parte de Gran Bretaña en 1981.
Guatemala no ha reconocido nunca la soberanía de la antigua colonia británica y se ha negado hasta ahora a discutir, en negociaciones directas con el gobierno de Belice bajo el Primer Ministro George Price,

reivindicaciones ~ exigencias ~ reclamaciones   *respecto a* = frente a
Estado fronterizo/colindante ~ país vecino   *Tal como manifestó* = Como dijo/comunicó

establezca de nuevo = reestablezca =
   reanude = vuelva a establecer/entablar
poco antes de ~ a raíz de

en 1981 ~ en el año 1981

antigua colonia ~ excolonia
hasta ahora = hasta el presente
discutir ~ tratar

sprüche zu erörtern. Price hat wiederholt
jegliche territorialen Konzessionen gegenüber Guatemala nachdrücklich abgelehnt.

ablehnen **rechazar**

SZ 9.2.84, S. 9   (104 W)

23. Arbeitslose demonstriert nackt auf Mannheimer Müllwagen

die Arbeitslose **la parada**
Müllwagen **vagón de basura**
Mannheimer → in Mannheim

Aus Verzweiflung über ihre seit drei Jahren
andauernde Arbeitslosigkeit hat sich eine
5 27jährige Mannheimerin auf einem Müllwagen splitternackt den Passanten präsentiert. Wie ein Polizeisprecher mitteilte,
mußte die Frau mit Unterkühlungen in ein
Krankenhaus gebracht werden. Dort sagte
10 sie aus, sie sei von ihrem Vater aufgrund
ihrer Arbeitslosigkeit häufig als „Müll" bezeichnet worden. Mit ihrem Schritt habe
sie auf sich aufmerksam machen wollen,
um auf diesem Wege möglicherweise end-
15 lich eine Beschäftigung zu erhalten.

Mannheimerin → [junge] Frau aus
  Mannheim

Unterkühlung **congelación**

SZ 15.2.84, S. 40   (78 W)

24. Vom Affen gebissen

Erhebliche Verletzungen erlitt ein 55jäh-
riger Mann, dessen Annäherungsversuche
von einem Schimpansen mißverstanden
5 wurden. Der Mann kam abends zu einem
Zirkus, der zur Zeit in Lochham (Landkreis *München*) gastiert. Anscheinend
wollte er mit einem Affen ein Bier trinken.
Der Mann überstieg die Absperrungen
10 und reichte dann durch die Gitterstäbe
dem Tier ein Bier. Doch der Schimpanse
interessierte sich nicht für das Getränk. Er
biß dem 55jährigen einen Finger ab, brach
ihm einen Arm und zerkratzte ihm das Ge-
15 sicht. Der Mann wurde in ein Krankenhaus

Schimpanse **chimpancé** m.

Landkreis **distrito**

Absperrungen **cerca**
Gitterstab **barrote** m.

zerkratzen **arañar**

sus reivindicaciones territoriales. Price ha rechazado expresamente, repetidas veces, todo tipo de concesión territorial frente 25 a Guatemala.

repetidas veces = repetidamente

23. Una parada se manifiesta desnuda encima de un vagón de basura, en Mannheim

Una parada/cesante ~ Una parada obrera
encima de = sobre = en   *vagón* ~ contenedor

Por desesperación, debido a su cesantía 5 desde hace tres años, una joven de Mannheim, de 27 años, se ofreció completamente desnuda, encima de un vagón de basura, a los transeuntes. Según comunicó un portavoz de la policía, la mujer tuvo que 10 ser ingresada en un hospital por congelación. Allí manifestó que había sido calificada, con frecuencia, por su padre, de "basura" debido a su cesantía. Con este paso quiso llamar la atención sobre sí misma, para ob-15 tener, de esta forma, posiblemente al fin un trabajo.

debido a = por/a causa de
cesantía = paro obrero
se ofreció/se presentó/apareció
desnuda/en puribis/como Dios la trajo al mundo   *transeuntes* = pasantes
comunicó = informó
ser ingresada = ser llevada/transportada
por congelación = con síntomas de congelación   *manifestó* = declaró
debido a su cesantía = por estar en el paro/parada/sin trabajo
de esta forma/manera ~ por esta vía

24. Mordido por un mono

mono = simio

Considerables heridas sufrió un hombre de 55 años, cuyos intentos de aproximación fueron mal entendidos por un chimpancé. 5 El hombre había ido por la noche al circo, que actúa de momento en Lochham (distrito de Munich). Al parecer quiso beber una cerveza con el simio. El hombre saltó la cerca y le alargó entonces al animal, por 10 los barrotes, la cerveza. Sin embargo, el chimpancé no se interesó por la bebida. Le mordió un dedo al cincuentón, le rompió un brazo y le arañó la cara. El hombre fue transportado a un hospital. De posteriores

sufrió = padeció ~ recibió
cuyos intentos de aproximación/acercamiento ~ quien al intentar acercarse
por la noche ~ por la tarde
de momento ~ actualmente ~ ahora

saltó ... y le alargó ~ saltó ... alargándo(le)
entonces ~ después   *por* = a través de

al cincuentón ~ al hombre de 55 años
le rompió ... y le araño ~ rompiéndole y arañándole
transportado = llevado = conducido

gebracht. Nachforschungen ergaben, daß er schon vor drei Jahren einmal von einem Affen gebissen worden war.

SZ 19.8.82, S. 14   (102 W)

25. Saudischer Scheich besuchte Bar mit Hubschrauber

saudisch **saudí** Scheich **jeque** m.
Bar → [kleine] Wirtschaft

Sprachlos war der Besitzer einer Bar in der Nähe der spanischen Stadt Valencia, als
5 ein saudischer Scheich mit Hubschrauber und Gefolge auf seinem Parkplatz landete,

Gefolge **comitiva**

Getränke bestellte, und ohne ein weiteres Wort unmittelbar danach wieder abflog.

abfliegen **despegar**

Noch verwirrter war der Barbesitzer je-
10 doch, als er für die Getränke den regulären

Betrag von zehn DM kassieren wollte, von

DM → Mark

dem Scheich aber das 30fache in die Hand gedrückt bekam. Wie die spanische Nach-

Nachrichtenagentur → Presseagentur

richtenagentur EFE meldete, wartet der
15 Besitzer der kleinen Bar seitdem sehnsüch-

sehnsüchtig **ansioso**

tig auf einen erneuten Besuch des freigiebi-gen Scheichs, dessen Hubschrauber-Visite dem Besitzer nach seinen eigenen Worten wie „die moderne Version des Zaubertep-
20 pichs" vorkam.

SZ 8.8.83, S. 8   (108 W)

26. Falscher Pastor fällt vom Hocker

Hocker **taburete** m.

In einer Bar in Offenburg endete das wenig

Bar → Nachtklub

segensreiche Wirken eines 57jährigen
5 Mannes, der sich auf seiner Reise von *Frankfurt* nach Offenburg als Pfarrer der evangelischen Gemeinde von Eschborn ausgab. In mehreren Städten hatte er *Luther*biographien und Bibeln gekauft
10 und mit Verrechnungsschecks bezahlt, die

Verrechnungsscheck **cheque cruzado**

pesquisas resultó que ya había sido mordido por un mono hacía tres años.

pesquisas = investigaciones ∼ indagaciones
De posteriores pesquisas resultó ∼ Posteriores pesquisas dieron como resultado

25. Jeque saudí visitó un bar en helicóptero

Sin habla se quedó el propietario de un bar en las cercanías de la ciudad española de
5 Valencia, cuando un jeque saudí con su comitiva aterrizó en helicóptero en su aparcamiento, pidió unas bebidas y, sin decir una palabra más, volvió a despegar inmediatamente después. Más confuso se quedó,
10 sin embargo, el dueño del local al querer cobrar por las bebidas el precio normal de diez marcos y recibir, en cambio, en mano, treinta veces más. Según la agencia de prensa española EFE, el dueño del pe-
15 queño bar está esperando desde entonces ansiosamente una nueva visita del generoso jeque, cuya visita en helicóptero le pareció al propietario, según sus propias palabras, "la versión moderna de la alfombra
20 mágica".

Sin habla ∼ Mudo   *proprietario* = dueño   *en las cercanías*/proximidades ∼ cerca
cuando ... aterrizó ∼ al aterrizar ...
aparcamiento = estacionamiento
volvió a despegar = despegó de nuevo/otra vez
sin embargo = no obstante   *local* ∼ bar
al querer ∼ cuando quiso

Según la agencia = Según comunicó la agencia

generoso = dadivoso ∼ espléndido
le pareció ... la versión ∼ se le antojó como la versión

26. Falso pastor se cae del taburete

pastor ∼ cura ∼ sacerdote

En un club nocturno de Offenburg finalizó la actuación poco benéfica de un hombre de 57 años, que, en su viaje de Francfort a
5 Offenburg, se hacía pasar por pastor de la comunidad evangélica de Eschborn. En varias ciudades había comprado biografías de Lutero y biblias, pagando con cheques cru-

club nocturno ∼ night club   *finalizó* = terminó   *actuación* ∼ actividad

aus einem Einbruch ins Eschborner Pfarramt am 26. Juni stammten. Er schrieb dabei jeweils höhere Rechnungsbeträge aus
und ließ sich die Differenz ausbezahlen.
15 Von diesem Geld – insgesamt 8000 Mark –
lebte er. Der falsche Pfarrer schlief dann in
einer Offenburger Bar ein und fiel vom
Hocker, wobei ihm seine Papiere aus der
Tasche fielen. Als der Barmann darunter
20 auch den Entlassungsschein einer Haftan-
stalt fand, kamen ihm Zweifel an der Echt-
heit des geistlichen Herrn, und er verstän-
digte die Polizei.
SZ 17.8.83, S. 30   (124 W)

Einbruch **robo** Pfarramt **vicaría**

ausbezahlen → in bar bezahlen

dann → eines Tages

Barmann **barman**
Entlassungsschein **baja**

geistlicher Herr **clérigo**

27. Chancen für Windmühlen

Nur noch wenige Wassermühlen klappern
an den westfälischen Flüssen und Bächen.
Dies könnte sich nach Angaben der Land-
5 wirtschaftskammer *Westfalen-Lippe* wieder ändern, wenn die 6000 in den Wasser-
büchern der Regierungspräsidenten einge-
tragenen Wasserrechte genutzt würden.
Damit könnten rund 2000 Megawatt (MW)
10 Strom umweltfreundlich erzeugt werden,
eine Leistung, die zwei Großkraftwerke
ersetzen könnte.
Wie die Landwirtschaftskammer in *Münster* weiter mitteilte, hätten rund 750 Müh-
15 len die bautechnischen Voraussetzungen,
um die Stromerzeugung nach Auswechseln
von Turbine und Generator in dreimonati-
ger Instandsetzungsarbeit wieder aufzu-
nehmen. 35000 bis 75000 Mark müßten
20 pro Anlage investiert werden. Je nach
Größe der Anlage könnten sich einzelne
Betriebe und Haushalte völlig von der
öffentlichen Stromversorgung unabhängig
machen und auf lange Sicht hohe Stromko-
25 sten einsparen.
SZ 8./9.10.83, S. 49   (110 W)

Windmühle → Wassermühle **aceña**
klappern **tabletear**
westfälisch **westfálico**
Landwirtschaftskammer **Cámara Agrícola**
Wasserbuch **registro de agua**
Regierungspräsident → [Bezirks]Regie-
rung **autoridad comarcal** f.
Megawatt **megawatio**
umweltfreundlich **no contaminante**

Turbine **turbina** Generator **generador**

Anlage **instalación**
einzelne → gewisse
Haushalt **hogar** m.

zados, que procedían de un robo efectuado
10 en la vicaría de Eschborn el 26 de junio. Todas las veces expedía cheques por un valor
superior al de la compra, cobrando la diferencia al contado. Con este dinero – en total 8000 marcos – vivía. El falso pastor se
15 quedó dormido un día en un night club, en
Offenburg, cayéndose del taburete y salién-
dosele unos papeles del bolsillo. Al ver el
barman entre ellos también la baja de la cár-
cel, le entraron dudas sobre la autenticidad
20 del clérigo y alarmó a la policía.

que procedían/provenían = procedentes
Todas las veces ~ Siempre ~ En cada
　uno de los lugares
cobrando la diferencia ~ y pedía que le
　abonasen la diferencia　*al contado* =
　en metálico
un día ~ una vez
cayéndose … y saliéndole ~ y al caerse
　se le salieron　*Al ver* ~ Al encontrar
barman ~ camarero

alarmó = avisó = llamó ~ se lo hizo
　saber

27.　Una oportunidad para las aceñas
Sólo unas pocas aceñas tabletean aún en
los ríos y arroyos westfálicos. Esto podría
cambiar de nuevo, según datos de la Cá-
5 mara Agrícola de Westfalia-Lippe, si se
utilizasen los 6000 derechos de aguas inscritos en los registros de aguas de las auto-
ridades comarcales. De esta forma se podrían producir alrededor de 2000 megawa-
10 tios de corriente no contaminante, una producción que podría sustituir dos grandes
centrales eléctricas.
Según continuó comunicando la Cámara
Agrícola de Munster, alrededor de 750
15 molinos poseerían las condiciones técni-
cas de construcción para volver a empezar
a producir corriente tras el cambio de tur-
binas y generadores, después de tres meses
de trabajo en las reparaciones. De 35000 a
20 75000 marcos habrían de ser invertidos
para cada instalación. Según el tamaño de
la instalación, se podrían independizar totalmente del suministro público ciertas
empresas y hogares y ahorrar a largo plazo
25 elevados costos de electricidad.

Una … ~ Las aceñas tienen su oportuni-
　dad

cambiar de nuevo = volver a cambiar

utilizasen = aprovechasen
inscritos = registrados
De esta forma = Así ~ Con esta medida
alrededor de = unos = aproximadamente

sustituir = reemplazar
centrales eléctricas = plantas de fuerza/
　energía　*Según continuó* = Tal como
　siguió
poseerían = tendrían ~ tienen
volver … a producir = reemprender la
　producción de　*tras el cambio de* = una
　vez cambiados las
reparaciones ~ renovaciones
habrían/tendrían　*de ser invertidos*/que
　invertirse　*Según* = De acuerdo con
para cada instalación = por instalación
suministro público = suministro de co-
　rriente público

28. Schlafen in der Arbeitszeit rechtfertigt fristlose Kündigung

Wer während der Arbeit schläft, muß mit seiner fristlosen Kündigung rechnen. Dies
5 stellte das hessische Landesarbeitsgericht in *Frankfurt* im Prozeß um die Kündigung eines Bademeisters und Masseurs fest. Der in einem evangelischen Krankenhaus in *Hessisch Lichtenau* angestellte Bade-
10 meister war während der Arbeitszeit des öfteren vom Schlaf übermannt worden. Als sich der Angestellte auch bei einem Besuch des Sozialministers nicht von einem Nickerchen abhalten ließ, kündigte ihm
15 die Krankenhausleitung fristlos. Ohne Erfolg berief sich der Bademeister vor Gericht auf eine Kollegin, die während der Arbeit stricke. Der Richter meinte: „Wer strickt, kann sich durchaus in einem Zu-
20 stand wacher Aufmerksamkeit befinden." Dies könne man von einem Schlafenden nicht behaupten. (Aktenzeichen: 7 Sa 267/83)
SZ 13./14./15.8.83, S. 8   (115 W)

Kündigung **despido**

hessisch → des Staates *Hessen*
Landesarbeitsgericht **Magistratura territorial de Trabajo**
Bademeister **bañero**   Masseur **masajista**

Arbeitszeit **jornada laboral**

Nickerchen **cabezada**
fristlos kündigen **despedir sin aviso**
sich berufen auf **remitirse a**

stricken **hacer punto**

Aktenzeichen **número del Acta**

29. Baby muß aus Einkommen Kirchensteuer bezahlen

Auch ein Baby muß aus seinem Einkommen Kirchensteuer bezahlen, wenn es ge-
5 tauft und damit rechtmäßig in die Kirche aufgenommen wurde. Dies hat jetzt der Bundesfinanzhof in *München* entschieden. Der klagende, inzwischen 22jährige Münchner muß demnach jetzt für sein be-
10 reits in der Wiege erzieltes Einkommen rund 17000 Mark Kirchensteuer nachzahlen. Der Vater hatte schon kurz nach der Geburt seines Sohnes in dessen Namen Wohnungen gebaut. Das Baby war damit

Kirchensteuer **impuestos eclesiásticos**

Bundesfinanzhof **Tribunal Federal de Hacienda** m.
der klagende → der Kläger **el demandante**
Münchner **muniqués**
Wiege **cuna**
nachzahlen → Rückstände zahlen

28. Dormir durante el trabajo justifica el despido inmediato

Él que se duerma durante el trabajo tendrá que contar con el despido inmediato. Así
5 lo ha estipulado la Magistratura territorial de Trabajo del Estado de Hesse en Francfort en un proceso sobre el despido de un bañero y masajista. El bañero, colocado en un hospital protestante en Lichtenau (Hes-
10 se), había sido vencido repetidas veces por el sueño durante la jornada laboral. Por no dejar de dar una cabezada, incluso durante la visita del ministro de Asuntos Sociales, el hospital despidió al empleado sin aviso pre-
15 vio. Sin éxito, el bañero se remitió ante el tribunal a una compañera que hacía punto durante el trabajo. El juez opinó: "quien hace punto puede encontrarse perfectamente en un estado de vigilante atención".
20 Esto, según el juez, no se puede presumir de uno que está durmiendo. (Número del Acta: 7Sa 267/83)

el trabajo ~ la jornada laboral
inmediato ~ sin aviso previo

estipulado $\doteq$ establecido
Estado (federado) ~ land
proceso ~ pleito

había sido vencido ~ se había dejado dominar
Por/Al no dejar de dar ~ Por no renunciar a dar   *cabezada* ~ cabezadita

se remitió ~ hizo referencia

perfectamente = completamente = plenamente
presumir = sostener = afirmar = sustentar ~ decir

29. Bebé tiene que pagar impuestos eclesiásticos por sus ingresos

También un bebé tiene que pagar impuestos para la Iglesia por sus ingresos, si ha
5 sido bautizado y en consecuencia ha pasado a formar parte de la Iglesia. Esto lo ha decidido ahora el Tribunal Federal de Hacienda de Munich. El demandante, un muniqués que entretanto tiene 22 años,
10 tiene que pagar ahora (en concepto de atrasos), según esto, unos 17000 marcos de impuestos eclesiásticos por sus ingresos obtenidos en la cuna. El padre había construído viviendas a nombre de su hijo poco des-

para la Iglesia ~ eclesiásticos
en consecuencia ~ así ~ con esto
ha pasado a formar parte ~ ha ingresado ~ ha sido recibido en el seno

que entretanto tiene 22 años = de entretanto 22 años
unos = aproximadamente = alrededor de

15 zum „Unternehmer" geworden und erzielte schon in seinen ersten drei Lebensjah-
ren erhebliche zu versteuernde Gewinne.
Nach dem Urteil ist es nicht verfassungs-
widrig, daß die Kirchensteuerpflicht an die
20 Taufe anknüpfte, urteilte der II. Senat des
Bundesfinanzhofs. Zwar habe der Kläger
im Alter von erst wenigen Tagen nicht
selbst entscheiden können, ob er sich
taufen lassen wolle. Seine sorgeberech-
25 tigten Eltern seien jedoch zu dieser Ent-
scheidung befugt gewesen. Der Kläger ist
inzwischen aus der katholischen Kirche
ausgetreten. (Aktenzeichen: II R 180/79)
SZ 10./11.12.83, S. 12   (147 W)

versteuernd **imponible**
[Gerichts]urteil **fallo**

Senat   hier: **Sala**

sorgeberechtigt   **con la patria potestad**

30. Kuh stürmt Empfangshalle

Rindvieh flieht in *Nürnberg* aus
Schlachthof. Drei Personen verletzt.

Eine Kuh hat bei einem Amoklauf in Nürn-
5 berg drei Personen verletzt und mehrere
Fahrzeuge beschädigt. Das Tier war aus
dem Schlachthof in der Nürnberger Südstadt ausgebrochen, kurz bevor es ge-
schlachtet werden sollte. Die alarmierte
10 Polizei nahm sofort die Verfolgung auf,
doch die Kuh war bereits in die Empfangs-
halle eines Elektrokonzerns geflüchtet.
Der Pförtner ergriff seinerseits die Flucht,
als das Tier durch die automatische Ein-
15 gangstür hereinkam. Ein Mitarbeiter, der
sich der Kuh mutig in den Weg stellte, wurde von ihr umgerannt und dabei leicht verletzt. Das Rindvieh war nicht zu bremsen
und demolierte zwei Polizeieinsatzwagen
20 sowie abgestellte Firmenfahrzeuge. Ein
Mann wurde von der Kuh an eine Haus-
wand gedrückt. Er sowie ein Polizist wur-

Rindvieh **res** f. Schlachthof **matadero**

Amoklauf → amoklaufen [bei Tieren]
desbocar

Nürnberger Südstadt → Süden Nürnbergs

schlachten → töten

Konzern **consorcio**
die Flucht ergreifen **emprender la fuga**

umrennen **atropellar**

Einsatzwagen **coche patrulla**

(an die Wand) drücken **arrinconar
(contra …)**

38

15 pués ya de su nacimiento. El bebé se había
convertido así en "empresario" y obtuvo
ya en sus tres primeros años de vida considerables ganancias imponibles. Según el fallo, no es anticonstitucional que la obligato-
20 riedad de pagar impuestos a la Iglesia se

pagar impuestos ~ tributar

contraiga con el bautismo, falló la 2° Sala
del Tribunal Federal de Hacienda. El tri-

El tribunal reconoció que ~ Cierto/Ver-
dad que

bunal reconoció que el demandante no
podía decidir por sí mismo, con unos pocos
25 días de vida, si quería ser bautizado. Sus
padres, con la patria potestad estaban

estaban autorizados ~ eran competentes

autorizados, sin embargo, para tomar esta
decisión. El demandante, entretanto, se ha
salido de la Iglesia católica. (Número del
30 Acta: II R180/79)

30. Una vaca asalta salón de recep-
ciones

salón ~ sala ~ hall

Una res se escapa, en Nuremberg, del
matadero. Tres heridos.

Tres heridos = Tres personas heridas

5 Una vaca desbocada hirió, en Nuremberg,
a tres personas y dañó varios vehículos. El

desbocada = al desbocarse
dañó = produjo daños a

animal se había escapado del matadero del
Sur de Nuremberg, poco antes de ser ma-

de ser ~ de que debiera ser

tada. La policía, informada, emprendió in-

La policía, informada = Avisada la policía

10 mediatamente la persecución pero la vaca
ya se había refugiado en el salón de recep-
ciones de un consorcio de electricidad. El
portero emprendió, por su parte, la fuga
cuando la vaca entró por la puerta automá-

cuando la vaca entró = al entrar la vaca

15 tica. Un empleado que se había interpuesto

se había interpuesto ~ salió al paso

valientemente a la vaca fue atropellado

atropellado = derribado

por ella, resultando levemente herido. No

resultando ... herido = y ... herido

había manera de frenar a la res que demo-

No había/hubo *manera*/forma *de frenar*

lió dos coches patrulla de la policia así co-

~ No hubo quien frenara

20 mo otros vehículos de la empresa allí apar-
cados. Un hombre fue arrinconado contra

arrinconado = oprimido = golpeado

una pared. Él, así como un policía, fueron

= cogido *Él* = Éste *fueron* = re-

den ebenfalls leicht verletzt. Die Jagd
endete auf einem anderen Firmenhof, wo
25 Mitarbeiter und Polizeibeamte mit einem
Lasso in Wildwest-Manier dem Amoklauf   Amoklauf **desbocamiento**
ein Ende setzten. Die fünf Jahre alte und
600 Kilogramm schwere Kuh wurde schließlich in den Schlachthof zurückgebracht,
30 wo sie doch noch das Schicksal ihrer Art-   Artgenossen **congéneres** m.
genossen teilen mußte.
SZ 26.8.82, S. 17   (172 W)

31. Bonbon gefährdet Semester

Studentin erhält Leistungsschein trotz   Leistungsschein **papeleta de calificación**
Wutausbruch

I

(*Münster*, Eigener Bericht) Ein Pfeffer-   Pfefferminzbonbon **caramelo de menta**
5 minzbonbon hätte beinahe einer Studentin
der Zahnmedizin ein ganzes Semester ge-   Zahnmedizin **odontología**
kostet, wenn sie nicht erfolgreich vor dem
Oberverwaltungsgericht (OVG) Münster   Oberverwaltungsgericht **Tribunal con-**
geklagt hätte.   **tencioso-administrativo superior**
10 Die Studentin, eine temperamentvolle
Perserin, war zu einer Prüfung mit einem   Perserin **persa**
Pfefferminzbonbon im Mund erschienen.
Beileibe nicht aus Provokation, sondern
um einen leichten Knoblauchgeruch zu mil-   Knoblauch **ajo** mildern **paliar**
15 dern. Doch dieser Anblick mißfiel dem
ausbildenden Assistenzarzt, und es kam   ausbildenden Assistenzarzt → Ausbilder,
zu einer erregten Diskussion. Die Studen-   einem Assistenzarzt
tin verlor während des Streitgespräches
die Selbstbeherrschung und spuckte dem   Selbstbeherrschung **autocontrol** m.
20 Assistenzarzt das Pfefferminzbonbon vor   spucken **escupir**
die Füße.
Die ungeahnten Folgen dieses Zwischen-
falles sollte sie erst am Ende des Se-
mesters zu spüren bekommen. Für den
25 Professor war das Verhalten der Studen-
tin derart respektlos und rotzfrech, daß   rotzfrech **fresco**
er es nicht ungestraft durchgehen lassen

40

también levemente heridos. La persecución
finalizó en el patio de otra empresa en don-
25 de los empleados y los funcionarios de la
policía pusieron fin con un lazo, al estilo
del oeste, al desbocamiento. La vaca, de
cinco años y 600 kilos de peso, fue llevada
finalmente al matadero, donde tuvo, a su
30 pesar, que compartir la suerte de sus congéneres.

sultaron   *persecución* = caza
finalizó = terminó/acabó

al estilo/modo = a la manera
al desbocamiento = a la carrera desem-
   bocada
a su pesar = mal que le pesase
de sus congéneres ~ de los de su especie/
   ralea

31. Un caramelo pone en peligro el curso

Una estudiante recibe su papeleta de
calificación a pesar de su (ataque de)
5 cólera

I

(Munster. Informe propio) Un caramelo
de menta casi le hubiera costado todo el
semestre a una estudiante de odontología,
si no se hubiera querellado con éxito ante
10 el Tribunal contencioso-administrativo
superior (OVG) de Munster.
La estudiante, una persa con mucho pronto, se había presentado a un examen con
un caramelo de menta en la boca. Ni por
15 asomo como provocación, sino para paliar
un ligero olor a ajo. Sin embargo, esta impresión (le) disgustó a su instructor, un asistente médico, llegando a una agitada discusión. La estudiante perdió el autocon-
20 trol durante la discusión y escupió el caramelo a los pies del asistente médico.
Las consecuencias imprevistas de este inci-
dente las percibiría al finalizar el semestre. Para el profesor, el comportamiento
25 de la estudiante fue tan irrespetuoso y fresco, que no quiso dejarlo (pasar) sin castigo.

curso ~ semestre
papeleta ~ boleta
ataque/acceso *de cólera*/furia/rabia
   ~ enfurecimiento ~ berrinche

se hubiera querellado ~ hubiera pleiteado/
   presentado recurso

pronto ~ temperamento ~ carácter

Ni por asomo = Ni mucho menos = De
   ningún modo   *paliar* = mitigar =
   suavizar
esta impresión/actitud ~ este aspecto/aire
llegando a ~ provocándose ~ lo que
   provocó   *agitada* = excitada
discusión = disputa ~ riña
perdió el autocontrol ~ perdió los nervios

al finalizar = al fin/término del
el comportamiento = la conducta
fresco ~ desvergonzado

wollte. Er eröffnete ihr, sie habe die Übung nicht bestanden, weil das Ausspucken des
30 Bonbons „ein überzeugender Beweis für fehlende theoretische Kenntnisse in der zahnärztlichen Hygiene sei." (152 W)

Übung → Lehrveranstaltung **curso**

II

Die Studentin klagte nun auf Aushändigung des Leistungsscheines, bekam jedoch
35 erst in zweiter Instanz recht. Der XV. Senat des OVG Münster hob das Urteil des Verwaltungsgerichtes Düsseldorf auf und entschied: Der Studentin müsse nach ihren erbrachten Leistungen der erfolgreiche
40 Übungsabschluß bescheinigt werden. Denn das Ausspucken des Bonbons sei als besonders kräftiges Mittel einer situationsbedingten Meinungsäußerung zu bewerten. Diese aber lasse nicht auf Mängel an
45 Sachkenntnissen, sondern allenfalls auf einen vorübergehenden Verlust der Selbstbeherrschung schließen.
Außerdem fügte das OVG hinzu: Auch Personen mit besonders hohen Fachkennt-
50 nissen könnten einmal die Kontrolle verlieren. (AZ: 15 B 805/82)
Frankfurter Rundschau 30.4.1982 (242 W)

klagen auf **querellarse para**

Senat hier: **Sala**
[Gerichts]Urteil **fallo**
Verwaltungsgericht **Tribunal contencioso-administrativo**
Leistungen → Arbeiten

AZ **N° del Acta**

32. Regionalismen in *Spanien* (I)
Sprachliche Besonderheiten als Grundlage regionaler Identität

sprachlich **lingüístico**

I

Spanisch ist nicht die Sprache der Spanier,
5 sondern nur die ihrer Mehrheit. Eine der heutigen Weltsprachen ist von ihrem Ursprung her die Sprache *Kastiliens*, weshalb Spanisch eigentlich *Kastilisch* heißen müßte und in *Lateinamerika*, wo weit mehr Men-

La notificó que no había aprobado el curso porque el escupir el caramelo "era una prueba convincente de la carencia de cono-
30 cimientos teóricos de la higiene odontológica".

II

La estudiante se querelló para recibir la papeleta de calificación, pero no obtuvo la razón hasta la segunda instancia. La XV
35 Sala del OVG de Munster anuló el fallo del Tribunal contencioso-administrativo de Düsseldorf y decidió: A la estudiante se le tiene que certificar el fin exitoso del curso, de acuerdo con sus trabajos presentados.
40 Pues, (según el Tribunal), el haber escupido el caramelo debe considerarse como un medio especialmente fuerte de expresión de la opinión condicionada por la situación. Ésta, sin embargo, no permite con-
45 cluir deficiencias en los conocimientos objetivos, sino, en todo caso, una pérdida pasajera del autocontrol.
Además, el OVG añadió: También las personas con un grado especialmente alto de
50 conocimientos científicos pueden perder una vez el control. (N° del Acta: 15 B 805/ 82)

notificó = comunicó *aprobado el curso* ~ pasado la prueba
convincente = contundente *carencia* = falta ~ deficiencia

certificar = reconocer
de acuerdo con ~ a causa de *sus trabajos* ~ su rendimiento *presentados* ~ aportados
medio = recurso
condicionada = impuesta ~ forzada
concluir ~ deducir
deficiencias en ~ una deficiencia de
en todo caso = a lo sumo

alto ~ elevado

32. Regionalismos en España (I)
Peculiaridades lingüísticas como fundamento de identidad regional

Peculiaridades ~ La peculiaridad/singularidad *fundamento de identidad* = base de la identidad

I

El español no es el idioma de los españoles
5 sino sólo el de su mayoría. Uno de los idiomas universales actuales es, por su origen, la lengua de Castilla, por lo que el español se debería llamar realmente castellano y en Latinoamérica, donde hablan español

el idioma = la lengua

universales = internacionales ~ mundiales
se debería = se tendría *llamar* = denominar *realmente* = en realidad

10 schen Spanisch sprechen als in Spanien,
auch folgerichtig in der Regel als „castellano" bezeichnet wird. In Spanien werden
zumindest vier Sprachen gesprochen: Kastilisch, *Katalanisch*, *Galicisch* und *Baskisch*.
15 Kleinere Sprachengruppen können wir
hier ebenso vernachlässigen wie Versuche,   vernachlässigen **desatender**
die katalanischen Dialekte, die in País Va-
lenciano und auf den *Balearen* verbreitet
sind, als eigene Sprachen zu pflegen. Wäh-   pflegen → fördern **fomentar**
20 rend Kastilisch, Katalanisch und Galicisch
Sprachen romanischen Ursprungs sind, blie-
ben die Wurzeln des Baskischen bislang
unentdeckt. Uns interessieren hier jedoch
weniger linguistische Fragen als solche
25 nach der Bedeutung der sprachlichen Frag-
mentierung Spaniens für Identität und Ak-
tivierung der Regionalismen.   (136 W)

II

Es liegen erst wenige empirische For-
schungsergebnisse über den Zusammen-   Zusammenhang **conexión**
30 hang von sprachlicher Differenzierung, re-
gionalem politischem Bewußtsein und politischen Regionalismen in Spanien vor,
doch wird man wohl von der Hypothese
ausgehen dürfen, daß die sprachliche Dif-
35 ferenzierung zwischen den Regionen *Baskenland*, *Galicien*, *Katalonien*, Balearen
und *Land Valencia* (Levante) einerseits
und dem kastilisch sprechenden Zentrum   kastilisch sprechend **castellanoparlante**
andererseits ein wesentliches Element
40 des regionalen *„hecho diferencial"* ist. Die
Sprachenpolitik des Zentrums und die
sprach-politischen kulturellen Forderun-
gen der genannten Regionen bilden einen
Kernbereich der traditionellen Auseinan-   Auseinandersetzung **confrontación**
45 dersetzungen, die als Regionalismuspro-
blem gekennzeichnet werden.

Aus: Dieter Nohlen, PARLAMENT, Beilage 12/1980,
S. 42   (217 W)

44

10 muchas más personas que en España, se le
llama, por lo general, consecuentemente
"castellano". En España se hablan por lo
menos cuatro lenguas: castellano, catalán,
gallego y vasco. Los grupos lingüísticos
15 menores los podemos desatender, igualmente que los intentos de fomentar como
lenguas propias a los dialectos catalanes
que están extendidos por el País Valen-
ciano y por las Baleares. Mientras que el
20 castellano, el catalán y el gallego son lenguas de origen románico, permanecen las
raíces del vasco aún por descubrir. A noso-
tros nos interesan, sin embargo, menos las
cuestiones de lingüística que las de la
25 importancia de la fragmentación lingüística de España para la identidad y activación
de los regionalismos.

II

Existen sólo pocos resultados de la investigación empírica acerca de la conexión
30 entre la diferenciación lingüística, la con-
ciencia política regional y los regionalismos
políticos; sin embargo, bien se podría partir de la hipótesis de que la diferenciación
lingüística entre las regiones del País Vas-
35 co, Galicia, Cataluña, Baleares y País Va-
lenciano (Levante), de una parte, y el centro castellanoparlante, de otra, representa
un elemento esencial del "hecho diferencial"
regional. La política lingüística del centro y
40 las exigencias culturales de carácter políti-
co-lingüístico de las citadas regiones constituyen un núcleo de las confrontaciones tra-
dicionales, que se consideran como pro-
blema del regionalismo.

consecuentemente = en consecuencia
~ lógicamente

igualmente = lo mismo

extendidos = difundidos

parmanecen ... por/sin *descubrir* ~ permanecen ignoradas ...

importancia = significación

acerca de = sobre

bien se podría = sería posible ciertamente

castellanoparlante = castellanohablante
representa = es = significa

carácter = índole
constituyen = forman

33. Regionalismen in *Spanien* (II)
Baskenland

I

Der baskische Regionalismus muß verstanden werden im Kontext der wirtschaftlichen Entwicklung der baskischen Provinzen im 19. Jahrhundert (Abbau und Export von Eisenerz, Aufbau einer Schwerindustrie) und ihre entsprechenden Wandlungen der Klassenstruktur: Herausbildung einer Finanz- und Industriebourgeoisie, die in enger Verbindung mit dem politischen Zentrum Spaniens steht und die man als kastilianisiert bezeichnen kann, auf der einen Seite und eines Industrieproletariats zum großen Teil nicht-baskischer Herkunft auf der anderen Seite, in das seit 1885 sozialistisches Gedankengut eindrang. (78 W)

Eisenerz **mineral de hierro**
Schwerindustrie **industria pesada**

Gedankengut **ideario**

II

Die baskischen Mittelschichten in den Städten, vor allem aber das agrarische Hinterland, die im Industrialisierungsprozeß ihre frühere soziale und politische Position einbüßten, bildeten das soziale Substrat des frühen baskischen Regionalismus. In dem Maße, in welchem sich die Industrialisierung (auch geographisch verstanden) ausdehnte, wurden sie in Gegnerschaft zur Modernisierung aktiviert, forderten die Rückbesinnung auf die ethnische Singularität, die Wiederbelebung der baskischen Sprache, Kultur und Folklore, die im Industrialisierungs-, Assimilierungs- und Überfremdungsprozeß gänzlich verloren zu gehen drohten, und die Wiedererlangung der früheren Rechte und Privilegien („*Fueros*"). Die aus dem Mittelalter stammenden Sonderrechte der baskischen Region hatten bis zur französischen Revolu-

Hinterland → Binnengebiet

Rückbesinnung auf **retrospección sobre**

Überfremdung **extranjerización**

Sonderrechte → Privilegien

46

33. Regionalismos en España (II)
País Vasco

País Vasco = Vascongadas = Euskadi

I

El regionalismo vasco se ha de entender en el contexto del desarollo económico de
5 las provincias vascongadas en el siglo XIX (explotación y exportación de mineral de hierro, creación de una industria pesada) y sus correspondientes transformaciones de la estructura de clases: formación de
10 una burguesía financiera e industrial, que está en estrecha relación con el centro político de España y que se puede designar como castellanizada, de una parte, y un proletariado industrial en gran parte de
15 origen no vasco, de otro lado, en el que penetró desde 1885 un ideario socialista.

se ha de entender/comprender = ha de ser/tiene que ser entendido   *contexto* ~ marco   *vascongadas* = vascas

creación ~ formación ~ implantación

designar como castellanizada = denominar castellanizada
de una parte = de un lado

penetró = se introdujo   *ideario* = ideología

II

Las clases medias vascas en las ciudades pero, sobre todo, la zona interior agraria, que en el proceso de industrialización per-
20 dieron su antigua posición social y política, formaron el sustrato social del antiguo regionalismo vasco. En la medida en la que se extendió la industrialización (entendida también geográficamente), fueron activa-
25 das en rivalidad contra la modernización, exigieron la retrospección sobre su singularidad étnica, la revivificación de la lengua, cultura y folklore vascos, que, en el proceso de industrialización, asimilación y
30 extranjerización, amenazaban con perderse completamente, y la recuperación de los antiguos derechos y privilegios (Fueros). Los privilegios de la región vasca, procedentes de la Edad Media, habían perma-
35 necido en toda su extensión hasta la revo-

agraria ~ agrícola ~ rural ~ campesina

fueron activadas = se activaron ~ resurgieron
retrospección ~ reflexión ~ vuelta
la revivificación ~ el renacimiento

extranjerización ~ enajenamiento ~ alienación

habían permanecido = permanecieron = se mantuvieron

tion (in den französischen Gebietsteilen
des Landes) und bis zu den von ihr ausge-
40 lösten liberalen Entwicklungen in Spanien
in vollem Umfang bestanden und waren
erst mit der zentralistischen Politik der
konstitutionellen Monarchie aufgehoben
worden. Der baskische Regionalismus ist
45 somit in seiner Genesis eine in doppelter
Hinsicht antimoderne Bewegung: als Bewegung gegen die industrielle wirtschaft-
liche Entwicklung und als Bewegung gegen
den Konstitutionalismus und politischen
50 Liberalismus.

Aus: Dieter Nohlen, PARLAMENT, Beilage 12/1980,
S. 48 f.   (238 W)

34. Die *Iberische Halbinsel*

I

Die Iberische Halbinsel liegt klimageogra-
phisch in einem atlantisch-mediterranen
Übergangsgebiet. Die dadurch bedingte   Übergangsgebiet **zona de transición**
5 Differenzierung von Temperatur und Nie-   Niederschlag **precipitaciones**
derschlag wird durch das Relief nochmals
grundlegend modifiziert. Eine geschlossene
Landmasse mit Hochflächen zwischen 700   Landmasse **macizo** Hochfläche **meseta**
und 1000 m üNN wird von schmalen, nur   üNN → über dem Meeresspiegel
10 wenige Zehnermeter über dem Meeres-
spiegel gelegenen Küstenebenen umrahmt.
Dieser Höhenunterschied bedingt eine be-
merkenswerte klimageographische Situa-
tion: Die Meseta des Landesinneren be-
15 sitzt ein fast kontinentales Klima mit heißen,
trockenen Sommern und kalten Wintern;
die Küstenniederungen sind dagegen mari-   Niederung **depresión**
tim beeinflußt, atlantisch im N und W,   atlantisch → durch den *Atlantik*
mediterran im O und S. Ergeben sich dar-   mediterran → durch das *Mittelmeer*
20 aus zwei verschiedene Raumtypen, die   N **N[orte]**   W **O[este]**   O **E[ste]**
sich im zentral-peripheren Formenwandel   S **S[ur]**   m.
(H. Lautensach) scharf voneinander abhe-

48

lución francesa (en las comarcas francesas del país) y hasta el desarrollo liberal, provocado por ella, en España, y sólo fueron suprimidas con la política centralista de la
40 monarquía constitucional. El regionalismo vasco es así en su génesis un movimiento antimoderno en doble sentido: como movimiento contra el desarrollo económico industrial y como movimiento contra el cons-
45 titucionalismo y el liberalismo político.

provocado ~ producido ~ desencadenado ~ desatado
suprimidas ~ eliminadas

movimiento antimoderno en doble sentido = movimiento doblemente antimoderno

34. La Península Ibérica

I

La Península Ibérica está situada climático-geográficamente en una zona de transición atlántico-mediterránea. Las diferen-
5 cias de temperatura y de precipitaciones por ello condicionadas se modifican a su vez fundamentalmente por el relieve. Un macizo cerrado con mesetas entre los 700 y los 1.000 m sobre el nivel del mar está
10 rodeado por estrechas llanuras costeras de pocas decenas de metros de altura sobre el nivel del mar. Esta diferencia de altura condiciona una situación climático-geográfica considerable: la meseta (del) interior
15 posee un clima casi continental con veranos calurosos y secos e inviernos fríos; las depresiones costeras, sin embargo, están influidas marítimamente, por el Atlántico en el N y O, por el Mediterráno en el E y S.
20 Resultan de ello dos tipos de espacio distintos que contrastan fuertemente en el cambio de la forma centro – periferia (H.

está situada = se halla/encuentra/extiende
climático-geográficamente = desde un punto de vista geoclimático/climático y geográfico
por ello/esto = por este hecho
fundamentalmente ~ esencialmente
mesetas = altiplanos/altiplanicies ~ llanuras elevadas
rodeado ~ flanqueado

condiciona ~ produce
considerable = digna de mención = notable
calurosos ~ cálidos
sin embargo ~ por el contrario   *están influidas*... ~ poseen influencia marítima

Resultan ~ Si bien es cierto que resultan
tipos ~ zonas   *contrastan* ~ se oponen
cambio/transformación *de la forma*/mor-

ben, so wird diese Gliederung von einem
ausgeprägten planetarischen, also nord-
25 süd gerichteten Wandel von Niederschlags-
verhältnissen und Luftmassenverteilung
überlagert: einem fast immer feuchten N
stehen die sommertrockenen zentralen
und südlichen Teile der Halbinsel gegen-
30 über.   (135 W)

II

Dieser naturgeographische Gegensatz
zwischen N und S sowie zwischen Küste
und *Zentraliberien*, der in erster Linie gro-
ße Unterschiede in der landwirtschaftlichen
35 Bodennutzung bedingt, wurde nun durch   Bodennutzung **aprovechamiento del suelo**
die politisch-historische und wirtschafts-
geschichtliche Entwicklung verstärkt. Da- verstärken **fortalecer**
zu trugen folgende Ereignisse bei: *Iberien*
hatte seit dem frühen Mittelalter zwar um- frühes Mittelalter **baja Edad Media**
40 fangreiche Einflüsse aus dem N, von *West-*
und *Zentraleuropa* her zu verzeichnen;
Wirtschaftsstruktur und Sozialgefüge wurden jedoch in großem Umfang auch von
der aus S, von *Nordafrika* übergreifenden,
45 700 Jahre andauernden islamisch-mauri- islamisch-maurisch **islámico-moro**
schen Herrschaft geprägt, deren Folgen
durch die von Kirche und Adel wiederum
von N herangetragene Reconquista nicht
völlig beseitigt wurden. Das Widerspiel   Widerspiel → Kontrast
50 der Kräfte aus N und S hinterließ nicht
nur zahlreiche arabische Relikte in der   arabisch **árabe**
Kulturlandschaft, es verursachte vor allem
die für Spanien charakteristische, bis an
die Schwelle der Gegenwart herrschende   Schwelle **umbral** m.
55 Feudalstruktur, die engen Bindungen zwi-
schen Staat und Kirche sowie die regional
unterschiedliche Verteilung und Verfü-   Verfügungsgewalt **poder dispositivo**
gungsgewalt an Grundeigentum.   Grundeigentum **propiedad inmobiliaria**

Aus: Walter Sperling/Adolf Karger (Hg.), *Fischer Länderkunde: Europa*, Frankfurt 1978, S. 263f.

(278 W)

Lautensach); de otra parte, esta estructura
está superpuesta por un marcado cambio
25 planetario, es decir, (orientado) de norte a
sur, en la proporción de las precipitaciones
y la distribución de la masa de aire: a un N
casi siempre húmedo se le oponen los veranos secos de las partes centrales y meridio-
30 nales de la Península.

II

Este contraste natural geográfico entre el
N y el S así como entre la costa y la Iberia
central, que condiciona en primer lugar
grandes diferencias en el aprovechamiento
35 agrícola del suelo, fue además fortalecido
por el desarrollo político-histórico e his-
tórico-económico. Para ello contribuyeron
los siguientes acontecimientos: Iberia tuvo
ciertamente desde la baja Edad Media
40 amplias influencias por el N, (procedentes)
del oeste y del centro de Europa; la estructura económica y el sistema social, sin embargo, fueron influidos en gran medida
también por el sur, (o sea) por la domina-
45 ción islámico-mora, procedente del norte
de África y de 700 años de duración, cuyas
consecuencias no pudieron ser eliminadas
completamente por la Reconquista, realizada de nuevo desde el norte por la Iglesia
50 y la nobleza. El contraste de las fuerzas del
N y S no sólo dejó numerosos restos árabes
en el paisaje cultural; produjo, sobre todo,
la estructura feudal característica para
España, dominante hasta el umbral del pre-
55 sente, los estrechos lazos entre Iglesia y
Estado así como las desigualdades regio-
nales en el poder dispositivo de la propiedad inmobiliaria.

fológico   *estructura* ~ división
está superpuesta ~ se halla interferida

en la proporción ~ de la relación

político-histórico = histórico-político
Para = A
tuvo = tuvo que reseñar = acusó

amplias ~ grandes ~ considerables
~ importantes

influidos ~ configurados ~ caracteriza-
dos
procedente = oriunda
duración ~ permanencia
consecuencias ~ secuelas   *eliminadas*
= borradas
realizada = llevada a cabo   *de nuevo*
~ igualmente
restos = vestigios

característica = típica

inmobiliaria ~ territorial

35. Lambsdorff lobt *Spaniens* Wirtschaftspolitik

loben **elogiar**

I

Madrid (Eigener Bericht) – „Vernünftig, richtig und sehr couragiert", nannte Bun-
5 deswirtschaftsminister *Graf Lambsdorff* die Wirtschaftsmaßnahmen der spanischen Regierung, die sich mit einer industriellen Umstrukturierung trotz aller Schwierig- keiten im sozialen Bereich rechtzeitig auf
10 die Folgen eines *EG*-Beitritts einzustellen suche. Bei seinem Madrid-Besuch, der die Erwiderung der Visite seines spanischen Kollegen Boyer im Mai 1983 in Bonn war, standen neben den gegenseitigen Handels-
15 beziehungen auch der Anschluß Spaniens an den *Gemeinsamen Markt* im Mittelpunkt von Lambsdorffs Gesprächen.   (76 W)

vernünftig **sensato**
couragiert → **mutig**
Bundeswirtschaftsminister → der deut- sche Wirtschaftsminister

Umstrukturierung **reconversión**

Beitritt **ingreso**

gegenseitig **recíproco**
Anschluß an **adhesión a**

II

Im Hinblick auf den EG-Beitritt des Gast- landes meinte der Bundeswirtschaftsmini-
20 ster vor der Presse, daß seitens der Zehn mittlerweile der politische Beschluß für den Anschluß Spaniens und Portugals ge- fallen sei. Er sprach auch seine Zuversicht aus, daß der Verhandlungsprozeß – wie ge-
25 plant – in diesem Jahr abgeschlossen wer- den könne. Daß es noch Probleme zu be- seitigen gebe, sei selbstverständlich. Die gegenwärtigen Schwierigkeiten in der Ge- meinschaft nannte Lambsdorff eher gün-
30 stig für den Beitritt Spaniens: Da die Men- genbegrenzung innerhalb der Marktord- nung nun alle Mitgliedsländer betreffe, ent- stehe auch keine Diskriminierung mehr, wenn Spanien solche Einschränkungen
35 hinnehmen müsse.   (166 W)

Gastland **país anfitrión**

Zuversicht → Hoffnung

35. Lambsdorff elogia la política económica de España

elogia = alaba ~ aprueba

I

Madrid (Informe propio). De "sensatas, correctas y muy valientes" calificó el conde
5 Lambsdorff, ministro alemán de Economía, las medidas económicas del Gobierno español, que intenta ajustarse, a tiempo, a las consecuencias de su ingreso en la CEE con una reconversión industrial, a pesar de
10 todas las dificultades en el sector social. En su visita a Madrid, que fue la respuesta a la de su colega español Boyer (ocurrida) en mayo de 1983 en Bonn, ocuparon el centro de las conversaciones con Lambs-
15 dorff, junto a las recíprocas relaciones comerciales, también la adhesión de España al Mercado Común.

Informe propio ~ Nuestro corresponsal
muy valientes/corajudas ~ con mucho coraje

ajustarse = adaptarse = acomodarse = acoplarse   *ingreso* = entrada
reconversión = reestructuración ~ reciclaje
respuesta ~ réplica
colega ~ homólogo   *(ocurrida)* = acaecida ~ que tuvo lugar/se celebró

II

En vistas al ingreso en la CEE del país anfitrión, el ministro alemán de Economía
20 opinó ante la prensa que la decisión política por parte de los diez para la adhesión de España y Portugal ya había sido tomada entretanto. Expresó también su esperanza de que el proceso de negociaciones sea
25 clausurado este año, como estaba previsto. Que siga habiendo problemas que eliminar, es natural, continuó diciendo. Las dificultades actuales de la Comunidad las calificó Lambsdorff más bien de favorables para el
30 ingreso de España. Como la limitación cuantitativa dentro del orden de mercado afecta ahora a todos los miembros, no existe ya discriminación si España tiene que aceptar tales restricciones.

opinó = manifestó = declaró = dijo
decisión = resolución

esperanza = confianza = convicción

orden de mercado = reglamento de mercados

aceptar ~ tolerar ~ soportar

III

Als wichtigsten Punkt der bilateralen Fragen nannte Graf Lambsdorff die Förderung der deutschen Investitionsbereitschaft in Spanien zur Verstärkung der Kooperation
40 und des Technologietransfers. Die *Bundesrepublik* hat nach seinen Angaben in Spanien 18% der ausländischen Privatinvestitionen getätigt und steht damit unter allen Ländern an der Spitze. Die Wirtschafts-
45 beziehungen zwischen beiden Staaten hätten sich ohnehin im vergangenen Jahr positiv entwickelt. Die spanischen Exporte seien um 15% gewachsen, bei Automobilen sogar um 100%. Die deutschen Exporte
50 nach Spanien seien um 1,7% gestiegen. Das spanische Defizit in der Handelsbilanz von 1,8 Mrd. DM werde bei weitem durch Überweisungen der Gastarbeiter und vor allem durch den Tourismus ausgeglichen,
55 so daß für Spanien in der Zahlungsbilanz ein Plus von 530 Mill. DM verbleibe.

SZ 31.3./1.4.84, S. 33   (277 W)

Investition **inversión**

Technologietransfer **transferencia tecnológica**

tätigen **efectuar**

Handelsbilanz **balanza comercial**

Überweisung **remesa**
Gastarbeiter **emigrante**
Zahlungsbilanz **balanza de pagos**
Plus → Überschuß **superávit** m.

36. Wirtschaftswachstum und Armut in *Lateinamerika*

I

Die Staaten Lateinamerikas haben in den beiden zurückliegenden Entwicklungsde-
5 kaden ein eindrucksvolles wirtschaftliches Wachstum erzielt. Das aggregierte Bruttoinlandsprodukt (BIP) dieser Region stieg zwischen 1960 und 1970 mit einer durchschnittlichen jährlichen Wachstumsrate
10 von 5,3% und zwischen 1970 und 1980 mit einer Rate von 6,0%. Insbesondere in der Dekade 1970–1980 übertraf das lateinamerikanische Wirtschaftswachstum deut-

Bruttoinlandsprodukt (BIP) **producto interior bruto (PIB)**

Wachstumsrate **tasa de crecimiento**

35 Como el punto más importante de las cuestiones bilaterales nombró el conde Lambsdorff el fomento de la disposición alemana
a la inversión en España para el fortalecimiento de la cooperación y de la transfe-
40 rencia tecnológica. La República Federal
ha efectuado en España, según sus datos,
un 18% de las inversiones privadas extran-
jeras, situándose así, entre todos los países,
a la cabeza. Las relaciones comerciales
45 entre ambos Estados se desarrollaron el
año pasado, sin más, positivamente. Las
exportaciones españolas aumentaron en
un 15%, en los automóviles incluso en un
100%. Las exportaciones alemanas a Es-
50 paña aumentaron en un 17%, manifestó
Lambsdorff. El déficit español en la balanza
comercial de 1,8 mil millones de marcos
alemanes se compensa, con mucho, con
las remesas de los emigrantes (españoles)
55 y sobre todo con el turismo, de forma que
para España queda un superávit en la balanza de pagos de 530 millones de marcos.

disposición = inclinación
a la inversión = a invertir
fortalecimiento = robustecimiento

efectuado = realizado

situándose = poniéndose
a la cabeza = en cabeza ~ al frente

en los automóviles = en el sector del automóvil

emigrantes (españoles) ~ trabajadores españoles (en Alemania)

36. Crecimiento y pobreza en Latinoamérica

crecimiento = expansión = desarrollo

I

Los estados de Latinoamérica han alcanzado una expansión económica impresio-
5 nante en las dos décadas de desarrollo pasa-
das. El producto interior bruto (PIB) agre-
gado de esta región aumentó entre 1960 y
1970 con una tasa de crecimiento anual
media del 5,3%, y entre 1970 y 1980 con
10 una tasa del 6,0%. Especialmente en la
década de 1970–1980 la expansión económica latinoamericana superó claramente
la tasa de crecimiento del PIB de los países

alcanzado = logrado = conseguido

décadas = decenios

una tasa = un índice

lich die Zuwachsraten des BIP der west-
15 lichen Industrieländer (3,2%) und der
Entwicklungsländer insgesamt (5,1%).
Wegen des relativ hohen Bevölkerungs-
wachstums in Lateinamerika hat der in den
vergangenen zwanzig Jahren erzielte Zu-
20 wachs des gesamtwirtschaftlichen Produk-
tionsergebnisses allerdings nicht zu einem
entsprechenden Anstieg des Pro-Kopf-Ein-
kommens geführt; bei einem durchschnittlichen jährlichen Bevölkerungswachstum
25 in Lateinamerika von 2,6% zwischen 1960
und 1980 ergab sich ein jährlicher Anstieg
des Bruttosozialprodukts (BSP) pro Kopf
von nur 3,4%.   (111 W)

Zuwachsrate → Wachstumsrate

Entwicklungsland **país en (vías de)
desarrollo**

gesamtwirtschaftliches Produktionsergeb-
nis → gesamte Produktion
Pro-Kopf-Einkommen **ingreso/renta
per cápita**

Bruttosozialprodukt (BSP) **producto
nacional bruto (PNB)**

II

Die zuvor genannten statistischen Mittel-
30 werte und Pro-Kopf-Zahlen zur Kenn-
zeichnung des wirtschaftlichen Wachstums
können den Eindruck vermitteln, daß Lateinamerika im Entwicklungsprozeß der
letzten zwanzig Jahre recht erfolgreich ab-
35 geschnitten habe. Aber dieser Eindruck
trügt, denn der „Erfolg", wie er sich in
Wachstumsraten und Durchschnittseinkommen niederschlägt, ist an einem er-
heblichen Teil der Bevölkerung vorbei-
40 gegangen. So schätzte z.B. die *Weltbank*
1980, daß in Lateinamerika – trotz des weit
fortgeschrittenen Industrialisierungspro-
zesses – noch immer eine von sieben Personen in absoluter Armut lebe. Eine andere
45 Weltbank-Studie kam 1979 zu dem Ergebnis, daß die Zahl der absolut Armen in Lateinamerika auf absehbare Zeit bei minde-
stens 100 Millionen liegen werde. Eine
neuere Untersuchung der *UN-Wirtschafts-*
50 *kommission* für Lateinamerika, die sich
auf zehn Staaten der Region bezieht,
schätzt, daß 1981 in diesen Ländern ca.

Durchschnittseinkommen **promedio de
la renta**

industriales occidentales (3,2%) y de los
15 países en vías de desarrollo en total.

A causa del crecimiento, relativamente
alto, de la población en Latinoamérica,
el desarrollo de la producción general logrado en los veinte años pasados no ha
20 conducido, sin embargo, a un aumento
correspondiente del ingreso per cápita;
con un incremento anual medio de la población en Latinoamérica, del 2,6% entre
1960 y 1980, resultó un aumento anual del
25 producto nacional bruto (PNB) per cápita
de sólo un 3,4%.

industriales = industrializados
y ... en total = y de la totalidad/y de todos
   los países en vías de desarrollo
crecimiento = incremento = aumento
alto = elevado
el desarrollo = la expansión *general*
   = global = nacional
conducido = llevado *sin embargo*
   = con todo
un incremento ... de la población ~ un incremento anual de la población por tér-
   mino medio

II

Los valores medios estadísticos, antes mencionados, y las cifras del ingreso per cápita
para caracterizar el desarrollo económico
30 pueden causar la impresión de que Latinoamérica, en el proceso de desarrollo de los
últimos veinte años, ha salido muy exitosa.
Pero esta impresión engaña, pues el "éxito",
tal como se refleja en las tasas de creci-
35 miento y en el promedio de la renta, ha pasado de largo ante una considerable parte
de la población. Así, el Banco Mundial
estima, por ejemplo, en 1980, que en Latinoamérica – a pesar del proceso de indus-
40 trialización muy avanzado – siguen vivien-
do en la absoluta probreza una de cada siete
personas. Otro estudio del Banco Mundial
llegó en 1979 a la conclusión de que la cifra
de los absolutamente pobres en Latino-
45 américa alcanzará, en un tiempo previsible,
por lo menos 100 millones. Una investigación más reciente de la comisión de economía de la ONU para Latinoamérica,
que se refiere a diez Estados de la Región,
50 estima que, en 1981, vivían en estos países

mencionados = citados = enumerados
ingreso per cápita = renta

ha salido muy exitosa/airosa = obtuvo un
   gran éxito
se refleja = se manifiesta = se computa
   = se registra

del Banco Mundial ~ de dicho organismo

ONU = Organización de las Naciones
   Unidas

104 Millionen Menschen (35% der Bevölkerung) unterhalb der Armutsgrenze leb-
55 ten, davon allein in *Brasilien* ca. 52 Millionen und in *Mexiko* ca. 21 Millionen.
Diese Zahlen deuten darauf hin, daß Mas-
senarmut ein charakteristisches Merkmal
der meisten lateinamerikanischen Länder
60 (geblieben oder geworden) ist, trotz der
„erfolgreichen" gesamtwirtschaftlichen
Wachstumsstrategie in der Vergangenheit.
Das Beispiel Lateinamerika zeigt auch,
daß Zweifel erlaubt sind an der These, wo-
65 nach das Ergebnis forcierten wirtschaftlichen Wachstums allmählich zu den Bezie-
hern niedrigerer Einkommen durchsickern
würde und ein wachsendes Sozialprodukt
sich konfliktfreier verteilen ließe.

Armutsgrenze **mínimo vital**

allmählich **paulatinamente**
Bezieher **perceptor**
durchsickern **filtrarse**

Aus: Hartmut Sangmeister, PARLAMENT, Beilage
13/1984, S. 3f.   (258 W)

37. Wieder Massengräber bei *Cordoba* entdeckt

Massengrab **fosa común**

Argentinische Kommission äußert
sich kritisch zu Rolle der Kirche in der
5 Junta-Zeit

I

Die von der argentinischen Regierung ein-
gesetzte Kommission zur Aufklärung der
Schicksale von Verschwundenen hat nahe
der Provinzhauptstadt Cordoba die bisher
10 größten Massengräber des Landes entdeckt. Nach einer einwöchigen Untersuchung kam die Kommission zu dem Ergebnis, daß Cordoba, 700 Kilometer nordwestlich von Buenos Aires, eines der schreck-
15 lichsten Zentren der Unterdrückung in der
Zeit der Militärherrschaft war.
Der Dichter *Sabato*, der Vorsitzende der
Kommission, erklärte auf einer Pressekonferenz, die Massengräber von Cordoba

Verschwundener **desaparecido**

nordwestlich → im Nordwesten

Pressekonferenz **rueda de prensa**

cerca de 104 millones de personas (35% de la población) por debajo del mínimo vital; de ellos, sólo en Brasil, cerca de 52 millones, y en México, aprox. 21 millones.

55 Estas cifras muestran que la pobreza masiva ha permanecido o ha llegado a ser una (nota) característica de la mayoría de los países latinoamericanos, a pesar de la "éxitosa" estrategia de crecimiento nacional

60 del pasado. El ejemplo de Latinoamérica muestra también que están justificadas las dudas sobre la tesis, según la cual el resultado del crecimiento económico forzado se filtraría paulatinamente alcanzando a

65 los perceptores de ingresos más bajos, pudiéndose distribuir menos conflictivamente un producto social en aumento.

masiva = de las masas

nacional = general = global

justificadas = permitidas

forzado ~ extremado
paulatinamente ~ poco a poco *alcanzando* ~ hasta llegar

en aumento = creciente

37. Nuevas fosas comunes descubiertas en Córdoba

La comisión argentina expresa su crítica sobre el papel de la Iglesia duran-
5 te la Junta

expresa su crítica = se manifiesta críticamente *durante* = en el tiempo/la época

I

La comisión creada por el Gobierno argentino para aclarar el destino de los desaparecidos ha descubierto, cerca de la capital de provincia de Córdoba, la mayor fosa

10 común del país, hasta la fecha. Tras una semana de investigación, la comisión ha llegado a la conclusión de que Córdoba, 700 kilómetros al noroeste de Buenos Aires, ha sido uno de los centros más te-

15 rribles de la opresión en la época de la dominación militar.
El poeta Sábato, presidente de la comisión, manifestó, en una rueda de prensa, que las fosas comunes de Córdoba eran las más

creada = constituída = organizada
aclarar = esclarecer *el destino* = la suerte

hasta la fecha = hasta el presente *Tras ...* ~ Después de una investigación de una semana de duración

ha sido = fue
dominación ~ dominio ~ gobierno ~ mando

rueda de prensa ~ conferencia de prensa
más grandes = mayores

20 seien die größten und schrecklichsten des
Landes. Die meisten Leichen seien 1976   Leiche **cadáver** m.
und 1977, den beiden ersten Jahren der
Militärregierung, vergraben worden. Nach
Sabatos Worten wird sich die Anzeige vor   Anzeige **denuncia**
25 dem zuständigen Gericht vor allem auf das
sichergestellte Friedhofsbuch und die Aus-   sicherstellen **poner a salvo**
sagen von zwei Friedhofsbeamten stützen.   Friedhofsbuch **registro del cementerio**
Die beiden hätten im Jahr 1980 den dama-
ligen Präsidenten General Videla – ohne
30 Erfolg – über Unregelmäßigkeiten auf
dem Friedhof von San Vicente bei Cordoba
unterrichtet. Sie hätten sich darüber be-
schwert, daß schätzungsweise 700 Leichen
ohne Obduktion mit Hilfe von Polizei oder   Obduktion **autopsia**
35 Militär nachts vergraben worden seien.   vergraben → begraben
Viele Leichen hätten Schußverletzungen   Schußverletzung **herida de bala**
gehabt sowie Zeichen von Folter, bei eini-   Zeichen → Anzeichen
gen hätten Arme oder Beine gefehlt.

(189 W)

II

Sabato äußerte sich kritisch zur Rolle der
40 katholischen Kirche in der Zeit der Be-   katholische Kirche → Kirche
kämpfung des Terrorismus unter den ver-
schiedenen Militärregierungen. Zwar habe
es einzelne Priester gegeben, die sich hero-
isch verhalten hätten, aber die Kirche ins-
45 gesamt sei schwach gewesen und habe viele
Fehler begangen. Sabato machte aber
auch darauf aufmerksam, daß die „Ver-
nichtung der Terrorgruppen von links und
rechts" nicht erst von der Militärregierung
50 angeordnet worden sei, sondern bereits im
Jahr 1975 unter Präsidentin *Peron* angelau-   anlaufen → beginnen
fen war.
Argentinische Menschenrechtsorganisatio-
nen haben in Buenos Aires die Entlassung   Entlassung **cese** m.
55 von Richtern verlangt, die früher der Mili-
tärjunta dienten und die jetzt Prozesse ge-   einen Prozeß führen **llevar un proceso**
gen Offiziere führten, die sich in dem

60

20 grandes y terribles del país. La mayoría
de los cadáveres fueron enterrados en 1976
y 1977, los dos primeros años del gobierno
militar. Según palabras de Sábato, la denuncia se apoyará ante el tribunal compe-
25 tente, sobre todo, en el registro del cementerio, puesto a salvo, y en las declaraciones
de dos funcionarios del cementerio. Los
dos informaron – sin éxito –, en 1980, al
entonces presidente, General Videla, sobre
30 irregularidades en el cementerio de San
Vicente, cerca de Córdoba. Se quejaron
de que aproximadamente 700 cadáveres
fueron enterrados, por la noche, sin autopsia, con ayuda de la policía o de militares.
35 Muchos cadáveres tenían heridas de bala
así como indicios de tortura; a algunos les
faltaban los brazos o las piernas.

II

Sábato se manifestó críticamente sobre
el papel de la Iglesia en la época de la lucha
40 contra el terrorismo bajo los diferentes go-
biernos militares. Cierto que hubo sacer-
dotes aislados, que se comportaron heroi-
camente, pero la Iglesia como tal fue débil,
y cometió muchas faltas. Sábato llamó
45 también la atención de que la "destrucción
de los grupos terroristas de izquierdas y de
derechas" no fue ordenada por primera
vez por el gobierno militar, sino que había
comenzado ya el año 1975, bajo la Presi-
50 dente Perón.

Organizaciones argentinas de los derechos
humanos han exigido en Buenos Aires el
cese de jueces que sirvieron antes a la Junta Militar y ahora llevan procesos contra
55 oficiales que, al parecer, se hicieron cul-

terribles = espantosas = horrendas
enterrados = inhumados

el registro = el libro de registro

Los dos = Ambos

aproximadamente ∼ según estimaciones/
cálculos estimativos

tenían = presentaban = mostraban
de bala = por disparo *indicios* =
muestras = señales

comportaron = portaron
como tal = en conjunto *fue* = se mostró
llamó la atención = señaló
la destrucción = el exterminio

la Presidente = la Presidenta

el cese/despido = la suspensión

llevan = dirigen

„schmutzigen Krieg" in den 70er Jahren
schuldig gemacht haben sollen. Die *„Stän-*
60 *dige Versammlung für die Menschenrechte"*
(APDH) erklärte, man könne nicht Richtern vertrauen, die bereits unter vier Juntas
gearbeitet hätten. Die Regierung *Alfonsin*
sollte eine Reorganisation der Justiz in Be-
65 tracht ziehen.

SZ 6.2.84, S. 7   (332 W)

38. Otto von Bismarck
Gedanken und Erinnerungen

I

Bismarcks „Gedanken und Erinnerungen"
sind nicht Memoiren, nicht eine fortlau-
5 fende Erzählung über Leben und Wirken
des Autors. Vielmehr sind es aneinander
gereihte, lose zusammenhängende Bruch-
stücke. Bismarck hat sie nach seiner Entlassung 1890 plaudernd auf dem Sofa lie-
10 gend, frei aus dem Gedächtnis, eben Erin-
nerungseinfälle, ohne amtliche Akten und
ohne Tagebuch, das er nie geführt hat, teil-
weise gestützt auf Privatpapiere, seinem
engsten, erfahrensten und sachverständig-
15 sten Mitarbeiter *Lothar* Bucher ins Stenogramm diktiert.   (74 W)

Wirken → Werk

Bruchstück   **fragmento**

frei aus dem Gedächtnis   **sin más, de memoria**

ins Stenogramm diktieren   **dictar taquigráficamente**

II

Die beiden ersten Bände erschienen gleich
nach Bismarcks Tod 1898. Der dritte Band
wurde erst 1921, drei Jahre nach der Ab-
20 dankung *Wilhelm II.* veröffentlicht. Er
war eine „Racheschrift" (*Theodor* Heuß)
gegen den Kaiser, der ihn entlassen hatte,
und kann hier ausgeklammert werden, da
er bei weitem nicht das Niveau der beiden
25 ersten Bände erreichte. Sie sollen die meist
gekauften Bücher gewesen sein. Ihr Besitz

Abdankung   **abdicación**

62

pables en la "sucia guerra" de los años 70. La "Asociación permanente de derechos humanos" (APDH) manifestó que no se puede confiar en jueces que han trabajado
60 ya bajo cuatro Juntas. El gobierno de Alfonsín debería tomar en consideración una reorganización de la justicia.

tomar en consideración ~ hacerse cargo de ~ emprender ~ dedicarse a

38. Otto von Bismarck
Pensamientos y Recuerdos

I

Los "Pensamientos y Recuerdos" de Bismarck no son memorias ni la narración con-
5 tinuada sobre la vida y obra del autor. Más bien son fragmentos sueltos coherentes, enlazados unos con otros. Bismarck se los dictó taquigráficamente, tras su dimisión en 1890, a su más íntimo, experimentado y
10 experto colaborador, Lotario Bucher, charlando, recostado en su sofá, sin más, de memoria, justamente como ocurrencias del recuerdo, sin actas oficiales y sin diario, que nunca escribió, sirviéndose en parte
15 de papeles privados.

continuada = continua ~ sucesiva
sobre = (acerca) de   *obra* ~ actuación
coherentes ~ conexos
enlazados = ensartados ~ dispuestos
su dimisión/cesión ~ la cesión de su cargo
   ~ de ser cesado/dimisionado
experto ~ perito ~ competente

ocurrencias del recuerdo = recuerdos
   ~ evocaciones

II

Los dos primeros tomos aparecieron inmediatamente después de la muerte de Bismarck, en 1898. El tercer tomo se publicó por primera vez en 1921, tres años después
20 de la abdicación de Guillermo II. Este era un "escrito de venganza" (Teodoro Heuß) contra el emperador, que le había dimisionado, y puede ser aquí excluído, ya que no alcanzó, con mucho, el nivel de los dos pri-
25 meros tomos. Debieron ser, (según se dice),

un escrito/documento ~ una obra

alcanzó = logró

gehörte zur damaligen „patriotischen" Reputation. Bismarck wurde nach seiner Entlassung, noch mehr nach seinem Tod, zum
30 Nationalheros. Von der grassierenden banalen Bismarck-Legende des *„Eisernen Kanzlers"*, des Mannes „von Blut und Eisen", zeugen die unzähligen pathetischen Bismarck-Reden und die Bismarck-Denk-
35 male, eine germanische Heldengestalt in preußischer Kürassier-Uniform auf einen gewaltigen Säbel sich stützend; die Personifizierung des preußischen Militarismus. Das mythologisierte Bild paßte nicht zu
40 den „Gedanken und Erinnerungen". Von ihnen nahm die Legende keine Notiz. Bismarck war eine willensstarke, leidenschaftliche Herrschernatur mit weiser Mäßigung und klarer Besinnung, aber nicht eine mar-
45 tialische Heldengestalt, doch ohne Verständnis für das erstarkende demokratische Sozialgefühl.

Aus: Theodor Eschenburg, ZEIT 45/1983, S. 57

(233 W)

Heros *héroe* grassierend → verbreitet

Bismarckreden → Reden über Bismarck
germanisch **germánico**
Kürassier-Uniform **uniforme coracero**
Säbel **sable** m.
preußisch **prusiano**
mythologisieren **mitificar**

39. Die Bäckerin im Bundestag

Bundestag → Parlament

I

Frau Männle (CDU/CSU): Frau Präsidentin! Meine Damen und Herren! Wenn ich Bäckerin wäre, dürfte ich, auch wenn ich
5 wollte, jetzt gar nicht arbeiten

(Zuruf von der CDU/CSU: Nicht mehr!)
– nicht mehr –, es sei denn mit einer Sondergenehmigung. Ich bin ehrlich froh, daß ich Parlamentarierin bin, denn da kann
10 ich noch zu Ihnen sprechen.

(Fischer *[Frankfurt] [GRÜNE]*: Wir hätten alle schon gern Feierabend!
– Heiterkeit und Beifall bei der CDU/ CSU und der FDP)

Zuruf **voces**

Feierabend haben **terminar la jornada**
Heiterkeit **risas**

64

los libros más vendidos. Poseerlos perte-
necía entonces a la reputacíon "patriótica".
Bismarck se convirtió después de su dimisión, más aún después de su muerte, en hé-
30 roe nacional. De la extendida y banal leyenda de Bismarck, del "Canciller de hierro", del hombre de "sangre y hierro" dan
muestra los innumerables discursos patéti-
cos sobre Bismarck y los monumentos a
35 Bismarck, una figura germánica heroica en
uniforme coracero prusiano, apoyado en
un formidable sable, personificación del
militarismo prusiano. La imagen mitifi-
cada no concuerda con los "Pensamientos
40 y Recuerdos". De ellos no hizo caso la
leyenda. Bismarck fue una naturaleza dominante pasional y voluntariosa, de sabia
moderación y sentido claro, pero no una
figura heroica marcial, si bien sin com-
45 prensión para el sentimiento social demo-
crático, cada vez más fuerte.

vendidos ~ comprados *Poseerlos* ~ Su
   posesión *entonces…* ~ a la reputación
   pariótica de entonces/de la epoca
más aún = todavía más
extendida ~ difundida ~ reinante

dan muestra/testimonio = son testigo

formidable ~ enorme ~ colosal

concuerda/va bien *con* ~ se adapta/ade-
   cua a *no hizo caso* ~ hizo caso omiso
   ~ no tomó nota/se acordó
pasional ~ apasionada

si bien = aunque = pero sí

cada vez más fuerte/vigoroso/en aumento
   ~ que se robustecía/fortalecía

39. La panadera en el Parlamento (Federal)

I

La Sra. Männle (CDU/CSU): ¡Señora Presidenta! ¡Señoras y señores! Si yo fuera pa-
5 nadera, no podría, aunque quisiera, trabajar ahora en absoluto
   (voces de la CDU/CSU: ¡ya no!)
– ya no (podría) – a no ser con un permiso
especial. Yo estoy sinceramente contenta
10 de que soy parlamentaria, pues así puedo
hablarles a Uds. todavía.
   (Fischer [Francfort] [Verdes]: ¡A todos
nos gustaría haber terminado ya la jornada! – Risas y aplausos en la CDU/CSU y
15 en la FDP).

CDU = Unión Democrática Cristiana/
   democristiana *CSU* = Unión Social
   Cristiana/socialcristiana

voces ~ gritos

de que soy = de ser

haber terminado/acabado *ya la jornada*
   ~ haber salido ya del trabjo *risas* ~
   risotadas *FDP* = Partido Demócrata

15 – Ich kann es verstehen, daß Sie ganz gern
Feierabend hätten. Aber es wäre doch un-
sinnig, wenn ab acht Uhr abends nur noch
die Männer sprechen dürften und die
Frauen überhaupt nicht zu Wort kämen.

20 (Fischer [Frankfurt] [GRÜNE]: Nein,
nein; um Gottes willen; so war das
nicht gemeint! – Heiterkeit und Beifall bei der CDU/CSU)   (128 W)

II

Worum geht es in der Petition, die ich
25 hier vertreten möchte? Lassen Sie mich
ganz kurz den Sachverhalt darlegen. Da
beklagt sich eine junge Bäckergesellin,
daß sie nach den Bestimmungen der Arbeitszeitordnung erst um sechs Uhr mor-
30 gens tätig werden könne und für den im
Bäckerhandwerk üblichen Arbeitsbeginn
von vier Uhr morgens eine zeitlich begrenz-
te Sondergenehmigung seitens des Gewer-
beaufsichtsamts bräuchte. Sie argwöhnt,
35 daß es passieren kann, daß sie diese Sondergenehmigung nicht bekommt, vor allen
Dingen bei der gegenwärtig angespannten
Arbeitsmarktlage.   (207 W)

III

Diese junge Bäckerin sieht darin eine Be-
40 vormundung und auch eine Benachteili-
gung gegenüber ihren männlichen Kollegen in diesem Gewerbe, aber auch in anderen Arbeitsbereichen, z.B. der *Deutschen
Bundespost*, die bekanntlich ihre Arbeite-
45 rinnen zu Angestellten macht, um dem
Nachtarbeitsverbot für Arbeiterinnen zu
entgehen.
Als völlig widersinnig bemängelt die Pe-

Petition **demanda**

Bäckergesellin **oficiala de panadera**
Arbeitszeitordnung **reglamentación de
trabajo**

Bäckerhandwerk **gremio de panaderos**

Gewerbeaufsichtsamt **Servicio de inspección industrial**

Arbeitsmarkt **mercado laboral**

Bevormundung **tutela**

Gewerbe → [Bäcker]Handwerk

Petentin **peticionaria**

Puedo comprender que les gustaría haber terminado ya la jornada. Pero sería ciertamente estúpido que a partir de las ocho de la noche ya sólo pudieran hablar los hom-
20 bres y las mujeres, en fin, no pudieran tomar la palabra.

(Fischer [Francfort] [Verdes]: No, no por el amor de Dios; ¡no es eso lo que he querido decir! – Risas y aplausos en la
25 CDU/CSU)

II

¿De qué se trata en la demanda que yo quiero representar aquí? Permítanme exponer brevemente los hechos. Pues una joven oficiala de panadera se queja de que,
30 según las disposiciones de la reglamentación de trabajo, sólo puede trabajar a partir de las seis, y que necesita un permiso especial de tiempo limitado, por parte del Servicio de inspección industrial, para el
35 inicio de la jornada laboral a los cuatro de la madrugada, como es normal en el gremio de panaderos. Ella sospecha que podría pasar que no recibiera este permiso, sobre todo, en la tensa situación laboral
40 actual.

III

Esta joven panadera ve en ello una tutela y también una desventaja frente a sus colegas masculinos del gremio, pero también frente a otros sectores laborales, p.ej.
45 Correos (Federales), que, como es sabido, hace de sus obreras empleadas para eludir la prohibición de que las obreras trabajen de noche.

De totalmente absurda critica la peticiona-

Liberal/demoliberal

estúpido ∼ absurdo

pudieran = pudiéramos

no es eso… ∼ no era ésa mi intención

demanda = petición = solicitud

brevemente los hechos ∼ sucintamente los antecedentes

para … laboral ∼ para iniciar/comenzar/ empezar el trabajo
normal ∼ propio
sospecha ∼ teme ∼ piensa
pasar = suceder = ocurrir *recibiera* = obtuviera *laboral* = del mercado laboral

tutela = tutoría

gremio = ramo

hace de … empleadas convierte a … en empleadas *eludir* = evitar

critica = censura *peticionaria* = soli-

tentin die gesetzliche Regelung – hier steht
50 ja eine Änderung bevor –, daß sie als auszubildende Bäckerin bereits um fünf Uhr
morgens mit der Arbeit beginnen konnte.
Jetzt, da sie ausgelernt hat, ist das nicht
mehr möglich; jetzt darf sie erst ab sechs
55 Uhr arbeiten.

auszubildende Bäckerin → Bäckerlehrling
aprendiza de panadera

Der Petitionsausschuß hat sich in seiner
Mehrheit der Beurteilung angeschlossen,
daß dies widersinnig sei, und fordert in seiner Mehrheit die Bundesregierung auf,
60 hier eine Änderung vorzunehmen.

Petitionsausschuß **comisión de peticiones** f.
sich anschließen **adherirse a**
auffordern **apelar a**
Bundesregierung **Gobierno Federal**

Deutscher Bundestag, 10.11.1983, Protokoll 10/33,
S. 2259   (322 W)

40. Die Welt aus Quark-Stückchen?

Quark-Stückchen **partícula quark**

Drei Ereignisse bei CERN und eine
vorläufige Vermutung

I

Wenn in der Wissenschaft etwas „nicht ins
5 Bild paßt", dann merken Wissenschaftler
auf. Da entdecken sie Risse im Gebäude
der bisherigen Theorien, greifen in die
Schublade und holen ihre Lieblingstheo-
rien heraus, deren Stunde sie jetzt wähnen.
10 „Es gibt offenbar erste Ansatzpunkte dafür", sagte letzte Woche der Hochenergie-
physiker Herwig Schopper, Direktor des
Europäischen Kernforschungszentrums
CERN in *Genf*, „daß etwas Neues gefun-
15 den wurde. Unsere Aufgabe besteht jetzt –
bildlich gesprochen – darin, aus einem Regenguß über *Hamburg* drei Tropfen her-
auszufinden, die vielleicht eine etwas
andere Farbe haben."

nicht ins Bild passen **no entrar en sus
cálculos**
Riß **grieta**

Schublade **cajón** m.

Ansatzpunkt → Anzeichen
Hochenergie **alta energía**

Regenguß **chaparrón** m.

20 Drei „Ereignisse" sind es, über die Hoch-
energiephysiker derzeit nachdenken. Sie

50 ria la regulación legal – aquí se prevé, en
efecto, una modificación –, de que siendo
aprendiza de panadera ya podía empezar a
trabajar a las cinco de la mañana. Ahora,
que ha terminado el aprendizaje, en efecto,
55 ya no es posible; ahora sólo puede empezar a partir de las seis.
La comisión de peticiones se ha adherido
en su mayoría a la apreciación de que esto
es absurdo y apela en su mayoría al Go-
60 bierno Federal para que emprenda aquí
una modificación.

citante
una modificación = un cambio

apela = requiere = invita
emprenda = introduzca = practique
modificación ~ enmienda

40. El Mundo ¿(compuesto) de partículas quark?

Tres sucesos en el CERN y una suposición provisional

partículas ~ corpúsculos
sucesos = acontecimientos
una suposición/conjetura ~ un supuesto

I

5 Cuando en la Ciencia hay algo que "no entra en sus cálculos", entonces los científicos andan atentos. Entonces descubren grietas en el edificio de las teorías (vigentes) hasta la fecha, echan mano de sus cajo-
10 nes y sacan sus teorías favoritas, para las que ellos imaginan llegada la hora. "Existen evidentemente los primeros indicios", dijo la semana pasada el físico de alta energía, Herwig Schopper, director del Centro
15 Europeo de Investigación Nuclear CERN de Ginebra, "de que se ha descubierto algo nuevo. Nuestra tarea consiste ahora – dicho metafóricamente – en encontrar, en un chaparrón sobre Hamburgo, tres gotas
20 que, tal vez, tengan un color algo diferente".
Tres son los "sucesos" sobre los que meditan actualmente los físicos de alta energía.

entra ~ encaja

andan atentos = prestan atención
vigentes = válidas
la fecha = el momento/presente *echan mano de* = agarran = cogen
que ellos imaginan ~ que creen/suponen
Existen = Hay *indicios* = premisas = puntos de partida

chaparrón ~ aguacero ~ chubasco
diferente = distinto

meditan = reflexionan

sind im Rahmen des bisherigen „Standardmodells" der Naturkräfte zwischen den
Elementarteilchen – der Quantenchromo-
25 dynamik – nicht zu verstehen. Danach besteht alle Materie wie Proton und Neutron
aus den Quarks oder den sogenannten Leptonen. Zu den Leptonen gehören etwa das
Elektron und die Neutrinos. Quarks und
30 Leptonen sollten im Standardmodell „fun-
damental", das heißt nicht weiter zusammengesetzt sein.   (159 W)

Standardmodell **modelo estándar**

Elementarteilchen **partícula elemental**
Quantenchromodynamik **cromodinámica
cuántica**
Proton **protón** m. Neutron **neutrón** m.
Lepton **leptón** m.
Elektron **electrón** m. Neutrino
neutrino

II

Die drei mysteriösen Vorfälle im CERN-
Teilchenbeschleuniger, in dem Protonen
35 fast lichtschnell mit Antiprotonen kolli-
dieren, betreffen die „schwache Kraft".
Sie spielt bei einigen Formen des radio-
aktiven Zerfalls („Beta-Zerfall") und bei
der Kernverschmelzung in der Sonne eine
40 Rolle, genauer gesagt spielen diese Rolle
die im Standardmodell vorhergesagten
und 1983 in CERN gefundenen Überträgerteilchen der schwachen Kraft, W-Plus,
W-Minus und Z-Null genannt. Das Z-Null
45 wurde nun mehrmals bei einem „strahlen-
den Zerfall" gesehen, wobei ein energie-
reiches Gammaquant abgestrahlt wurde
statt des erwarteten energieschwächeren
Röntgenquants. Diese Tatsache läßt sich
50 aber nur verstehen, wenn sowohl Quarks
als auch Leptonen selbst noch einmal aus
Unterteilchen zusammengesetzt sind. Erst
diese, oft „Präonen" genannten Unter-
quarks und Unterleptonen sollen dann, so
55 lautet das Versprechen, die eigentlichen
Fundamentalteilchen der Natur sein. (Ein
Versprechen, das sich durch zweitausend
Jahre Wissenschaft zieht!)

Teilchenbeschleuniger **acelerador de
partículas**
schwache Kraft **energía débil**

Beta-Zerfall **desintegración-Beta**
Kernverschmelzung **fusión nuclear** f.

Überträgerteilchen **partícula transmisora**
W-Plus **W-positivo**

strahlender Zerfall → radioaktiver Zerfall

Gammaquant **cuanto-gama** m.
abstrahlen **proyectarse**
Röntgenquant **cuanto-x** m.

Präon **preón** m.

Fundamentalteilchen **corpúsculo funda-
mental**

No se pueden comprender en el marco del
25 "modelo estándar" actual de las fuerzas de
la naturaleza entre las partículas elementales – (o sea) la cromodinámica cuántica.
Según ésta, toda la materia como los protones y neutrones consiste en quarks o en los
30 llamados leptones. A los leptones pertene-
cen, por ejemplo, los electrones y los neutrinos. Los quarks y los leptones deberían
ser, en el modelo estándar, "fundamentales", es decir, ya no compuestos.

consiste en = está formada por = consta
de

no compuestos ~ no deben seguir siendo
compuestos

II

35 Los tres sucesos misteriosos en el acelerador de partículas del CERN, en el que los
protones, a la velocidad casi de la luz, coli-
sionan con antiprotones, afectan a la "energía débil". Desempeña un papel en algu-
40 nas formas de desintegración radioactiva
("desintegración-Beta") y en la fusión nuclear en el sol; más exactamente, desempe-
ñan este papel las partículas trasmisoras
de la energía débil, llamadas W-positivo,
45 W-negativo y Z-cero, pronosticadas anteriormente y halladas en 1983 en el CERN.
La Z-cero fue vista varias veces en una
"desintegración radioactiva", al mismo
tiempo que se proyectaba un cuanto-ga-
50 ma, rico en energía, en lugar del previsto
cuanto-x, pobre de energía. Este hecho
se puede comprender, sin embargo, solamente si tanto el quark como (también) los
leptones están compuestos ellos mismos,
55 a su vez, de subpartículas. Sólo estos sub-
quarks y subleptones, llamados con frecuencia "preones", deben ser entonces, según
las promesas, los auténticos corpúsculos fundamentales de la naturaleza.
60 (Una promesa que se alarga durante dos
mil años de ciencia).

Desempeña = Juega

pronosticadas ~ predicadas ~ previstas

se puede comprender ... solamente =
sólo se puede comprender ...

auténticos ~ verdaderos ~ propios

se alarga/trasmite/prolonga ~ corre
durante = a través

71

Da man auf drei Meßpunkte keine Theorie
60 gründen soll, hat man hier zwar noch kei-
nen Beweis, aber doch schon einen interes-
santen vorläufigen Verdacht. Würde er sich
bestätigen, hätte man eine neue Phase der
Elementarteilchenphysik vor sich, welche
65 die jetzige, im Jahr 1968 begonnene „Quark-
Ära" ablösen würde. Damals wurden ex-
perimentell die ersten Hinweise auf die
Quarks im Inneren der Protonen entdeckt.
Man hätte jetzt die Chance, eine Reihe
70 fundamentaler Rätsel des ansonsten recht
erfolgreichen Standardmodells zu knacken.
Aus: SZ 16.4.84, S. 40   (362 W)

Meßpunkt   **punto de medición**

knacken → lösen

41. Ein großer Chirurg
Zum Tod von *Rudolf* Zenker

Chirurg   **cirujano**

I
Rudolf Zenker, der am Mittwoch in *Mün-*
chen plötzlich gestorben ist, war einer der
5 großen deutschen Chirurgen. Rudolf und
sein Zwillingsbruder *Carl* Zenker sind als
Söhne eines Augenarztes am 24. Februar
1903 in München geboren. Während Carl
wie sein Vater Augenarzt wurde, er starb
10 1978, entschied sich Rudolf für die Chirurgie.
Rudolf Zenker studierte in München
(unter anderem bei Sauerbruch und Lexer)
und *Zürich*. „Chirurgisches Denken und
15 Handeln" vermittelte ihm *Martin* Kirschner in *Tübingen*, den er als Assistent nach
Heidelberg begleitete, wo er sich habili-
tierte. 1951 wurde Zenker Ordinarius an
der Universität *Marburg*. 1958 folgte er
20 einem Ruf an die Universität München.

Zwillingsbruder   **hermano mellizo**
Augenarzt   **oculista**

er [Carl Zenker] starb 1978

chirurgisch   **quirúrgico**

Ordinarius   **catedrático**
folgen → annehmen
Ruf   **nombramiento**

Como no se debe fundamentar ninguna teoría sobre tres puntos de medición, no se posee efectivamente aquí todavía ninguna
65 prueba, pero sí ya una interesante sospecha provisional. Si se confirmase, se tendría por delante una nueva fase de la física de partículas elementales, que relevaría a la actual "Era quark", iniciada en 1968. En-
70 tonces se descubrieron experimentalmente los primeros indicios sobre el quark en el interior de los protones. Ahora se tendría la oportunidad de resolver una serie de enigmas fundamentales del, por lo de-
75 más, muy exitoso modelo estándar.

fundamentar = basar

posee = tiene   *efectivamente* = ciertamente = en verdad
Si se confirmase = De confirmarse   *se tendría por delante* ~ se estaría ante
relevaría = sustituiría
iniciada = comenzada = principiada

indicios = indicaciones = referencias ~ datos
oportunidad = posibilidad   *resolver* = solucionar   *enigmas* ~ problemas ~ incógnitas
del... ~ del modelo estándar, por lo demás, de gran éxito/muy exitoso/lleno de éxito

41. Un gran cirujano
A la muerte de Rodolfo Zenker

I

Rodolfo Zenker, que murió el miércoles en Munich repentinamente, era uno de los
5 mayores cirujanos alemanes. Rodolfo y su hermano mellizo Carlos Zenker nacieron en Munich el 24 de febrero de 1903. Su padre era oculista. Mientras que Carlos, que murió en 1978, se hizo oculista como
10 su padre, Rodolfo se decidió por la cirugía.

Rodolfo Zenker estudió en Munich (entre otros, con Sauerbruch y Lexer) y en Zurich. "El pensamiento y la acción quirúrgicos" se los trasmitió Martín Kirschner en Tubin-
15 ga, a quien acompañó, como asistente, a Heidelberg (en) donde se habilitó. En 1951 llegó Zenker a ser catedrático de la Universidad de Marburgo. En 1958 aceptó el nombramiento de la Universidad de Mu-

repentinamente = de repente

mellizo = gemelo
Su padre era oculista ~ Eran hijos de un oculista ~ ..., de padre oculista.

se decidió ~ se inclinó

"El..." ~ "La manera de pensar y de actuar quirúrgicos" ~ "El pensar y hacer/obrar como cirujano"

llegó Zenker a ser/fue Zenker nombrado *catedrático* ~ obtuvo Zenker la cátedra
aceptó = acudió a

Hier übernahm er die Leitung der Chirurgischen Klinik in der *Nußbaumstraße*.

(115 W)

II

Zenker, der gerne an die Maxime von L. Krehl erinnerte: „Nicht die Technik soll
25 den Arzt, sondern der Arzt die Technik beherrschen", war selbst ein begnadeter „Handwerker"; anerkannte Kapazität auf den Gebieten der Bauch-, Extremitäten- und Thorax- einschließlich der Herzchirur-
30 gie. Noch in Marburg hat er – im Frühjahr 1958 – die erste erfolgreiche Operation in Deutschland am offenen Herzen mit einer Herz-Lungen-Maschine vorgenommen. Die erste derartige Operation in München
35 unternahm Zenker im Herbst desselben Jahres an einem zehnjährigen Mädchen. 25 Jahre später, vor wenigen Wochen also, trafen sich die damalige Patientin und ihr Operateur bei einem Festakt im Klinikum
40 Großhadern wieder. Ohne das Engagement Zenkers wäre dieses Großklinikum, unter anderem mit einer Herzchirurgischen Klinik, schwerlich entstanden. 1968 bereits ehrten seine Studenten den Professor
45 Dr. Rudolf Zenker mit einem Fackelzug eben für dieses Engagement. Auch die erste Herztransplantation in *Deutschland* wagte Zenker in München, im Frühjahr 1969; da das Herz der Spenderin unfallbedingt vor-
50 geschädigt war, starb allerdings der Empfänger alsbald.

(268 W)

Maxime **máxima** f.

Bauch **abdomen** m.
Thorax **tórax** m.
Herzchirurgie **cirugía cardíaca**

Herz-Lungen-Maschine **aparato neumo-cardíaco**

Patientin **paciente**
Klinikum **hospital (clínico)**

Großklinikum → Klinikum

Klinik → Abteilung **departamento**

Fackelzug **marcha de antorchas**

Herztransplantation **transplante de corazón**
Spenderin **donante**
Empfänger **receptor**
alsbald → nach kurzer Zeit

III

„Vom Ernst des Lebens halb verschont, ist der, der schon in München wohnt", reimte Zenker einmal in einem Interview in der
55 Zeit des Streits um die Konkurrenz einer

74

20 nich. Aquí se hizo cargo de la dirección
de la clínica quirúrgica de la calle del Ave-
llano.

se hizo cargo de = tomó a su cargo

II

Zenker, que gustaba recordar la máxima
de L. Krehl: "No debe dominar la técnica
25 al médico, sino el médico a la técnica", era
él mismo un talentudo "artesano"; una re-
conocida capacidad en los sectores de la
cirugía del abdomen, extremidades y tórax,
incluída la cirugía cardíaca. Todavía en
30 Marburgo practicó él – en la primavera de
1958 – la primera operación exitosa, en
Alemania, de un corazón al descubierto
con un aparato neumocardíaco. La primera operación de este tipo en Munich la em-
35 prendió Zenker en (el) otoño del mismo
año con una niña de diez años. 25 años más
tarde, es decir, hace pocas semanas, se encontraron la antigua paciente y su opera-
dor, en un acto festivo, en el hospital de
40 Großhadern. Sin la entrega de Zenker, di-
fícilmente habría surgido este hospital,
entre otros, con un departamento de cirugía
cardíaca. En 1966 ya, honraron los estu-
diantes al Dr. Rodolfo Zenker con una
45 marcha de antorchas, precisamente por
esta dedicación. También el primer transplante de corazón lo osó llevar a cabo Zenker en Munich, en la primavera de 1969;
como el corazón de la donante estaba lasti-
50 mado previamente a causa de un accidente,
el receptor murió, no obstante, al poco
tiempo.

que gustaba = a quien le gustaba

talentudo ~ genial
capacidad ~ autoridad *sectores* =
campos
Todavía = Estando todavía

emprendió = realizó = llevó a efecto/
cabo

encontraron ~ reunieron ~ volvieron a
encontrar
acto festivo = homenaje
entrega = dedicación
surgido ~ nacido
un departamento = una sección

precisamente = justamente

lastimado ~ lesionado
a causa de ~ como consecuencia/a consecuencias de

III

"De la gravedad de la vida está medio dis-
pensado el que en Munich se ha alojado",
55 versificó una vez Zenker, en una entrevista,
en la época de las disputas sobre la compe-

versificó = dijo en verso

zweiten Medizinischen Fakultät in München. Zenker hat die Strukturänderungen in der Chirurgie eingeleitet, die zur Verselbständigung von Fachbereichen wie
60 Urologie und Herzchirurgie führten. Der Chirurg war Dekan seiner Münchner Fakultät, Präsident der *Deutschen Gesellschaft für Chirurgie*, – und er hat sich auch bemüht, die Probleme seines Fachs über die Ärzte-
65 schaft hinaus der Gesellschaft verständlich zu machen; wohl wissend, daß „Unschärfe" der Preis für Popularisierung ist.

Nach „hundert Semestern" hatte sich der Arzt zwar 1973 von seiner Universität ver-
70 abschiedet, das wissenschaftliche Leben gerade in seiner Vaterstadt und nicht zuletzt die Arbeit seiner berühmten Schüler aber weiterhin aktiv begleitet.

SZ 20.1.84, S. 11   (391 W)

Fachbereich **rama**
Urologie **urología**
Münchner **muniqués**

Ärzteschaft **gremio (de los médicos)**

Vaterstadt → Geburtsstadt

tencia que supondría una segunda Facultad de Medicina en Munich. Zenker ha introducido los cambios de estructura en la
60 cirugía, que han conducido a la independencia de ramas como la urología y la cirugía cardíaca. El cirujano fue decano de su Facultad muniquesa, Presidente de la Sociedad Alemana de Cirugía – y también se
65 esforzó por hacer comprensibles los problemas de su especialidad a la sociedad más allá del gremio (de los médicos), a sabiendas de que la "imprecisión" es el precio de la divulgación.
70 Es cierto que el médico se había despedido de la Universidad en 1973 después de "cien semestres", pero había seguido acompañando activamente la vida científica, precisamente en su ciudad natal, y no en úl-
75 timo lugar, el trabajo de sus famosos discípulos.

cambios de estructura = cambios estructurales

especialidad = rama/disciplina/ciencia
más allá = por encima   *a sabiendas* ~ sabiendo perfectamente

acompañado ~ desarrollado

Glossar der Eigennamen

A

Alfonsin	*Alfonsín*
Allensbacher Institut für Demoskopie	*Insituto demoscópico de Allensbach*
ARD	*Primera Cadena de Televisión*
Argentinien	*Argentina*
Arminan	*Armiñán*
Atlantik	*Atlántico*

B

Baden-Württemberg	*Baden Wurtemberg*
Balearen	*Baleares* f.
Baskenland	*País Vasco*
Baskisch	*vasco*
Belize	*Belice*
Berlin	*Berlín*
Berlinale	*Festival Berlinés*
Brasilien	*Brasil* m.
Britisch-Honduras	*Honduras Británicas*
Bundesrepublik	*República Federal*

C

Carl	*Carlos*
Cordoba	*Córdoba*

D

Dänemark	*Dinamarca*
DDR	*RDA*
Deutsche Bundespost	*Correos Federales*
Deutsche Gesellschaft für Chirurgie	*Sociedad Alemana de Cirugía*
Deutschland	*Alemania*

E

EG	*CEE*
Eiserner Kanzler	*Canciller de hierro*
Europäisches Kernforschungszentrum	*Centro Europeo de Investigación Nuclear*

F

Filmförderungsanstalt	*Instituto de Fomento cinematográfico*

Frankfurt	*Francfort*
Frankreich	*Francia*

G

Galicien	*Galicia*
Galicisch	*gallego*
Gemeinsamer Markt	*Mercado Común*
Genf	*Ginebra*
Graf Lambsdorff	*el conde Lambsdorff*
Großbritannien	*Gran Bretaña*
GRÜNE	*Verdes* m.

H

Hamburg	*Hamburgo*
Hessen	*Hesse* f.
Hessisch Lichtenau	*Lichtenau (Hesse)*

I

Iberien	*Iberia*
Iberische Halbinsel	*Península Ibérica*

K

Kastilien	*Castilla*
Kastilisch	*castellano*
Katalonien	*Cataluña*
Katalonisch	*catalán*
Kopenhagen	*Copenhague*

L

Land Valencia	*País Valenciano*
Lateinamerika	*Latinoamérica*
Leuchtender Pfad	*Sendero luminoso*
London	*Londres*
Lothar	*Lotario*
Luther	*Lutero*

M

Mainz	*Maguncia*
Marburg	*Marburgo*
Martin	*Martín*
Michael	*Miguel*

Mittelmeer	*Mediterráneo*
München	*Munich*
Münster	*Munster*

N

Nordafrika	*Norte de África*
Nürnberg	*Nuremberg*
Nußbaumstraße	*calle del Avellano*

O

Osteuropa	*Europa Oriental, Europa del Este*

P

Peron	*Perón*
Peru	*Perú*

R

Rudolf	*Rodolfo*

S

Sabato	*Sábato*
Spanien	*España*
Spanisch	*español*
SPD	*Socialdemocracia, Partido Socialdemócrata*

St

„Ständige Versammlung für die Menschen- rechte" (APDH)	*Asociación permanente de derechos huma- nos (APDH)*
Statistisches Bundesamt	*Instituto Federal de Estadística*

T

Theodor	*Teodoro*
Tübingen	*Tubinga*

U

UN-Wirtschaftskommission	*Comisión de economía de la ONU*
USA	*EE. UU.*

V

Vereinigte Staaten	*Estados Unidos*
Veronika	*Verónica*

W

Weltbank	*Banco Mundial*
Westberlin	*Berlín Occidental*
Westeuropa	*Europa Occidental, Europa del Oeste*
Westfalen-Lippe	*Westfalia-Lippe*
Wilhelm II.	*Guillermo II*

Z

ZDF	*Segunda Cadena de Televisión*
Zentraleuropa	*centro de Europa*
Zentraliberien	*Iberia central*
Zürich	*Zurich*

Quellenverzeichnis

Text-Nr.

5	Associated Press, Frankfurt.
32, 33, 36	Bundeszentrale für politische Bildung, Bonn.
39	Deutscher Bundestag, Bonn.
10	Deutsche Presseagentur, Hamburg.
34	Fischer-Taschenbuch Verlag, Frankfurt.
8, 17	Frankfurter Allgemeine Zeitung, Frankfurt.
31	Frankfurter Rundschau, Frankfurt (Text von Klaus Brandt, Hamm).
14	Mundis-Verlags-GmbH, München.
1–4, 11–13, 15, 16, 18–30, 35, 37, 40, 41	Süddeutsche Zeitung, München.
9	Verlag Nürnberger Presse, Nürnberg.
6	Die Welt, Hamburg.
7	Westdeutsche Zeitung, Düsseldorf.
38	Zeitverlag, Hamburg.

Bibliographische Angaben

In der folgenden Auswahlbibliographie sind einschlägige Hilfsmittel zur deutsch–spanischen Übersetzung zusammengestellt. Berücksichtigt wurden nur neuere, im Buchhandel erhältliche Titel; bei Titeln mit mehreren Auflagen wird unterschieden zwischen dem Erscheinungsjahr der letzten revidierten Ausgabe und dem eines unveränderten Nachdruckes.

A. Wörterbücher

1. Enzyklopädische Handwörterbücher

Diccionario enciclopédico ESPASA 1, Madrid 1985.
[Auch als Sprachwörterbuch brauchbar]

2. Allgemeine Sprachwörterbücher
2.1. Einsprachig

Diccionario Anaya de la lengua, Madrid 1979; Nachdruck Madrid 1981.
[Illustriertes Handwörterbuch. Wenige Beispiele. Mit Synonym-, Antonym-, Wortgruppen- und Grammatikangaben]

Diccionario Planeta de la lengua española usual, Barcelona 1982; Nachdruck Barcelona 1985.
[Illustriertes Handwörterbuch. Reiches Beispielmaterial. Als Lernwörterbuch empfehlenswert]

Moliner, M.: *Diccionario de uso del español,* 2 Bde., Madrid 1966–1967; Nachdruck Madrid 1984.
[Großwörterbuch mit reicher Information zu Synonymik, Antonymik, Wortgruppenbildung, Phraseologie und morphosyntaktischem Gebrauch]

Real Academia Española: *Diccionario de la lengua española,* 20. Aufl., 2 Bde., Madrid 1984.
[Grundlegendes Referenzwerk. Nur Definitionswörterbuch, keine Beispiele]

2.2. Zweisprachig

Langenscheidts Handwörterbuch Spanisch, 2 Bde., 1: *Spanisch–Deutsch,* Berlin–München 1971 (Nachdruck 1984); 2: *Deutsch–Spanisch,* Berlin–München 1985.
[Bd. 2 bestes und aktuellstes deutsch–spanisches Wörterbuch]

Slabý, R./Grossmann, R.: *Wörterbuch der spanischen und deutschen Sprache,* 3. Aufl., 2 Bde., 1: *Spanisch–Deutsch,* Wiesbaden 1975 + Nachtrag 1978; 2: *Deutsch–Spanisch,* Wiesbaden 1973 + Nachtrag 1983.
[Umfangreichstes zweisprachiges Wörterbuch]

3. Spezialwörterbücher
3.1. Synonymik und Antonymik

Casares, J.: *Diccionario ideológico de la lengua española. Desde la idea a la palabra; desde la palabra a la idea,* 2. Aufl., Barcelona 1959; Nachdruck Madrid 1984.
[Umfangreichstes Begriffswörterbuch; in Listenform, ohne Gebrauchsabgrenzung. Zusätzlich alphabetisches Wörterbuch]

Gili [y] Gaya, S.: *Diccionario de sinónimos* [*Vox*], 3. Aufl., Barcelona 1968; Nachdruck Barcelona 1983.
[Mit Gebrauchsabgrenzung]

3.2. Abkürzungen

Alvar Ezquerra, M./Miró Domínguez, A.: *Diccionario de siglas y abreviaturas,* Madrid 1983.

3.3. Eigennamen

Santano y León, D.: *Diccionario de gentilicios y topónimos,* Madrid 1981.

3.4. Gebrauchsprobleme

Beinhauer, W.: *Stilistisch-phraseologisches Wörterbuch spanisch–deutsch,* München 1978.
[Vorzüglich zur Registerbewertung des spanischen Wortschatzes. Alphabetisch geordnet mit Synonym-, Antonym-, Kollokations- und phraseologischen Angaben]

Seco, M.: *Diccionario de dudas y dificultades de la lengua española,* 2. Aufl., Madrid 1964 + Nachtrag 1979; Nachdruck Madrid 1981.

Wotjak, G./Herrmann, U.: *Kleines Wörterbuch der „falschen Freunde". Deutsch–Spanisch, Spanisch–Deutsch,* Leipzig 1984.

4. Fachsprachen

Becher, H.J.: *Wörterbuch der Rechts- und Wirtschaftssprache,* 2. Aufl., 2 Bde., 1: *Spanisch–Deutsch,* 2: *Deutsch–Spanisch,* München 1978–1979.
[Umfangreichstes Wörterbuch zur Rechtssprache]

Oxford-Duden. Bildwörterbuch Deutsch und Spanisch, Mannheim 1985.
[Bildwörterbuch zu 384 Begriffsfeldern, ohne Bedeutungsangaben; mit alphabetischen Registern.]

Eichborn, R. v./Fuentes Rojo, A.: *Wirtschaftswörterbuch,* 2 Bde., 1: *Deutsch–Spanisch,* Düsseldorf 1972; 2: *Spanisch–Deutsch,* Düsseldorf 1974.

Ernst, R.: *Wörterbuch der industriellen Technik: unter weitgehender Berücksichtigung der neuzeitlichen Techniken und Verfahren,* 2. Aufl., 2 Bde., 1: *Deutsch–Spanisch,* Wiesbaden 1973; 2: *Spanisch–Deutsch,* Wiesbaden 1976.

Haensch, G./López Casero, F.: *Wirtschaftssprache Spanisch–Deutsch, Terminología*

económica español–alemán, 2. Aufl., München 1971; Nachdruck München 1982.
[Systematischer Fachwortschatz mit Übersetzungsübungen und alphabetischen Registern]

Mink, H.: *Technisches Fachwörterbuch,* 2 Bde., 1: *Deutsch–Spanisch,* 3. Aufl., Barcelona
1975 + Nachtrag 1981; 2: *Spanisch–Deutsch,* 2. Aufl., Barcelona 1970 + Nachtrag 1979;
Nachdruck Barcelona 1984–1985.

B. Grammatiken

Gärtner, E./Dohmke, G.: *Kurze spanische Sprachlehre,* Berlin (DDR) 1974; Nachdruck
Berlin 1983.
[Schulgrammatik]

Gili [y] Gaya, S.: *Curso superior de sintaxis española,* 8. Aufl., Madrid 1961; Nachdruck
Madrid 1983.
Halm, W.: *Moderne spanische Kurzgrammatik,* München 1971; Nachdruck München
1985.
Real Academia Española (Comisión de gramática): *Esbozo de una nueva gramática de la
lengua española,* Madrid 1973; Nachdruck Madrid 1983.
[Autoritative Referenzgrammatik]

Seco, R.: *Manual de gramática española.* Revisado y ampliado por M. Seco, 10. Aufl.,
Madrid 1975; Nachdruck Madrid 1985.

C. Wörterbuchbibliographie

Fabbri, M.: *Bibliography of Hispanic dictionaries. Catalan, Galician, Spanish; Spanish in
Latin America and the Philippines,* Imola 1979.
[Umfassendstes Wörterbuchrepertoire mit 3119 Titeln zur spanischspachigen Welt]

Instituto Nacional del Libro Español (Hg.): *Diccionarios españoles,* Madrid 1980.

D. Fachzeitschriften

Fremdsprachen. Zeitschrift für Dolmetscher, Übersetzer und Sprachkundige, Leipzig
1957 ff.
Hispanorama. Mitteilungen des Deutschen Spanischlehrerverbandes, Nürnberg 1979 ff.
Lebende Sprachen. Zeitschrift für fremde Sprachen in Wissenschaft und Praxis, Berlin
1956 ff.
[Zeitschriften mit aktuellem Terminologiedienst zum Sprachenpaar Deutsch–Spanisch; *Fremdsprachen* und
Lebende Sprachen veröffentlichen regelmäßig auch entsprechende Fachglossare und Musterübersetzungen]